Jeffrey Gitomer
GITOMERS SALES-MANIFEST

Das Manifest sagt nicht:
»Schau, wo es wehtut.«

Es sagt ...
Schau, wo das Vergnügen ist, mache das Geschäft und baue die Beziehung auf.

JEFFREY GITOMER

GITOMERS SALES-MANIFEST

Unverzichtbare Maßnahmen, damit Sie heute und in Zukunft erfolgreich verkaufen

Aus dem Englischen von Birgit Reit

WILEY
WILEY-VCH Verlag GmbH & Co. KGaA

Das englische Original erschien 2019 unter dem Titel *Jeffrey Gitomer's Sales Manifesto: Imperative Actions You Need to Take and Master to Dominate Your Competition and Win for Yourself...for the Next Decade* bei Sound Wisdom.

© Copyright 2019 by Jeffrey Gitomer, Gitgo LLC.

All rights reserved. This translation published under license with the original publisher Gitgo LLC.

Alle Bücher von Wiley-VCH werden sorgfältig erarbeitet. Dennoch übernehmen Autoren, Herausgeber und Verlag in keinem Fall, einschließlich des vorliegenden Werkes, für die Richtigkeit von Angaben, Hinweisen und Ratschlägen sowie für eventuelle Druckfehler irgendeine Haftung

© **2019 Wiley-VCH Verlag GmbH & Co. KGaA, Boschstr. 12, 69469 Weinheim, Germany**

Alle Rechte, insbesondere die der Übersetzung in andere Sprachen, vorbehalten. Kein Teil dieses Buches darf ohne schriftliche Genehmigung des Verlages in irgendeiner Form – durch Photokopie, Mikroverfilmung oder irgendein anderes Verfahren – reproduziert oder in eine von Maschinen, insbesondere von Datenverarbeitungsmaschinen, verwendbare Sprache übertragen oder übersetzt werden. Die Wiedergabe von Warenbezeichnungen, Handelsnamen oder sonstigen Kennzeichen in diesem Buch berechtigt nicht zu der Annahme, dass diese von jedermann frei benutzt werden dürfen. Vielmehr kann es sich auch dann um eingetragene Warenzeichen oder sonstige gesetzlich geschützte Kennzeichen handeln, wenn sie nicht eigens als solche markiert sind.

Bibliografische Information der Deutschen Nationalbibliothek

Die Deutsche Nationalbibliothek verzeichnet diese Publikation in der Deutschen Nationalbibliografie; detaillierte bibliografische Daten sind im Internet über <http://dnb.d-nb.de> abrufbar.

Umschlaggestaltung:
Torge Stoffers, Leipzig
Satz: Lumina Datamatics
Druck und Bindung:
mediaprint solutions GmbH, 33100 Paderborn
Print ISBN: 978-3-527-50991-1
E-Book ISBN: 978-3-527-82607-0

Gedruckt auf säurefreiem Papier.

10 9 8 7 6 5 4 3 2 1

Wenn Sie Wohlstand aufbauen wollen, dann bauen Sie zuerst einen großen Wissensschatz auf.

Jeffrey Gitomer
KING of SALES

JEFFREY GITOMERS
SALES-MANIFEST
Inhaltsverzeichnis

MISSION 1 – DAS MANIFEST VERSTEHEN
Die alte Verkaufsmethode funktioniert nicht mehr............. 11
Zusammenstellung der Gedanken, Ideen und
Herausforderungen 17
Definition des Manifests 21
Es gibt keinen Preis für den zweiten Platz 22
Was ist »Disruption«? 25

MISSION 2 – DER MANIFEST-VERKAUF
Vollständige Zusammenstellung der Elemente und
Aktionen des Manifestes 29
22,5 Sales-Manifest-Gebote 46
16,5 Elemente des Manifest-Verkaufs 48
Abgehoben oder nicht bei Verstand? 52
Die 17,5 Fragen, die Sie sich stellen müssen 58
Manifest-Einstellung: Selbsttest 60
Jeffrey Gitomers SCHLÜSSEL-Verhaltensweisen für
Spitzenleistungen 63
Schlüssel-Verhaltensweisen: Selbsttest 66
Die Regeln des »Bevor« 70

MISSION 3 – MANIFEST-PRINZIPIEN

Das »Nicht-System« und die »geheimen Regeln«
des »Nicht-Verkaufens« 73
52,5 Prinzipien des Manifest-Verkaufs 84
Werden Sie ein Meister des »Manifest-Social-Sellings« 99
12,5 Fähigkeiten, die jeder Manifest-Verkäufer
beherrschen muss 103

MISSION 4 – MANIFEST-STRATEGIEN

Sind Sie herausragend auf *Ihrem* Fachgebiet? 107
Am 2. März 1962 wurde ein Basketball-Rekord
aufgestellt 114
Der Weg zu den Besten. Sind Sie »gut« oder vielleicht
doch ein wenig darunter? 120
Ein Ziel ist ein Traum mit einem Plan – und andere
Märchen 129
Das 95/95-Angebot: Welche 95 sind Sie? 136
Strategien, wie Sie Ihr Telefon zum Klingeln bringen 142
Wollen Sie den Prozentanteil Ihrer erfolgreichen
Verkäufe erhöhen? 143
Die schlechteste Methode 147
Drängend, aggressiv, lästig, selbstbewusst oder
professionell. Wie sind Sie? 149
Sind Sie passiv, aggressiv oder durchsetzungsfähig? 153
Manifest: Vorbereitung auf Verkaufsbesuche 159
Nicht der Abschluss ist wichtig, sondern die Eröffnung 160

»Warum kauft der Kunde?« – Auf diese Frage braucht
jeder Verkäufer eine Antwort 165
Das »Motiv« der (potenziellen) Kunden verstehen,
erkennen und aufdecken 170
Wer übernimmt hier die Verantwortung? – Niemand!..........173
Die »Erfolgs-Pipeline« 178
Um Weiterempfehlungen kann man nicht bitten –
man muss sie sich verdienen 182
Fragen Sie nicht mich, fragen Sie sich selbst! 187

MISSION 5 – MANIFEST-MEISTERSCHAFT
Ihre Alltags-Persönlichkeit......................................195
Was ist ein Spitzname? – Fragen Sie Wayne Gretzky 198
Dinge, die Sie für sich selbst tun können, ohne
jemanden um Erlaubnis zu bitten 201
Die Meisterschaft im Manifest-Wachstum verstehen und
umsetzen 203
Realitätscheck des Manifest-Verkaufs 204
Die 12,5 Werte eines Manifest-Verkaufsprofis.................205
Meistern Sie die großen 8,5 Elemente der Positionierung 208
Lesen und Ernten 210
Fifty Shades of Sales. Gefühl steht an erster Stelle,
der Preis ist sekundär 213
Manifest – Gedanken und Denken 222

MISSION 6 – DER ULTIMATIVE MANIFEST-ERFOLG

Meine Manifest-Morgenformel 229
So werden Sie Ihr bisher bestes JAHRZEHNT erleben 230
Meine Manifest-Affirmationen 233
21,5 unverletzbare Gesetze des Verkaufs: Die ultimativen Affirmationen 236
Verpflichtende Manifest-Aktionen 239
Die fundamentalen 11,5 Elemente von Service, WOW und Loyalität 241
Das Jeffrey-Gitomer-Sales-Manifest für den ultimativen Erfolg 243

Sie lernen durch die Klärung der Situation und der Gelegenheit.

Sie erwerben Fähigkeiten, indem Sie handeln.

Sie meistern den Prozess, indem Sie ihn immer wieder wiederholen.

Jeffrey Gitomer
KING of SALES

Schwache Verkäufer sehen die Quoten und in ihnen wächst die Furcht.

Mittelmäßige Verkäufer betrachten die Quoten als ihr Ziel.

Manifest-Verkäufer sehen sich die Quoten an und lachen darüber.

Jeffrey Gitomer
KING of SALES

Mission 1

Das Manifest verstehen

Die Leute machen Ihre
Leistungen schlecht,
weil sie selbst keine Leistungen
erbringen.

Jeffrey Gitomer
KING of SALES

(Die alte Verkaufsmethode funktioniert nicht mehr) Es geht nicht mehr um ... Jetzt geht es nur noch um ...

Die alte Art zu verkaufen ist tot. Hier lesen Sie, warum – und wie Sie die neue Methode zur Erringung der Marktdominanz meistern, Ihre Konkurrenz vernichten, den Verkauf abschließen und Ihren Preis erhalten.

Jahrzehntelang konzentrierten sich das Modell und die Philosophie rund um den Verkaufsprozess auf die Punkte »Kunden erschließen, präsentieren, Einwände entkräften und den Verkauf abschließen«. Bei diesem Prozess ergeben sich Manipulation, Preiswettbewerb, Preisvergleiche und letztlich Frustrationen, sowohl bei den Verkäufern als auch bei ihren Vorgesetzten, weil sie Gewinne einbüßen, selbst wenn sie den Abschluss erhalten.

Es ist ganz klar ein neues Modell und eine neue Strategie erforderlich – ein besseres Sales-Modell ohne Manipulation und eines, das zu einer vertrauensvollen, nicht auf einem Preiswettbewerb basierenden, profitablen Beziehung führt. Ein

Modell, bei dem der Kunde kauft, weil er den Wert sieht und nicht nur den Preis. Eines, das auch soziales Engagement und soziale Bindungen mit einbezieht. Und eines, das mitwachsen kann, wenn sich der Verkäufer weiterentwickelt.

Dieses neue Modell verändert das Spiel und sorgt dafür, dass Sie endgültig und dauerhaft im 21. Jahrhundert ankommen.

Es kombiniert persönliche Gespräche, Online-Aktivitäten, Social Media und Social Selling. Dieses eine Buch wird Sie formen und Sie für das kommende Jahrzehnt fit machen. Sie erhalten nicht nur mehr Abschlüsse und mehr Geld, sondern Sie werden zu einem besseren Verkäufer und zu einem besseren Menschen. Kurz – es geht nicht nur darum, wie Sie Verkaufsabschlüsse erzielen. *Der Manifest-Verkauf* wird Ihnen helfen, Beziehungen aufzubauen, die zu Weiterempfehlungen führen.

Der neue Ansatz betrachtet die Vorbereitung und VOLLSTÄNDIGE DURCHFÜHRUNG (nicht nur den Abschluss) von Verkäufen auf völlig neue Weise. Er bietet dem Verkäufer ein neues, effektives Set von Kriterien zur Kontaktaufnahme und zum Aufbau von Beziehungen, das – wenn es umgesetzt und angewendet wird – zu besseren Fähigkeiten, besseren Verkaufsabschlüssen, einem besseren Ruf und höheren Gewinnen führt.

Es folgt eine kurze Erklärung dessen, was Sie erwartet, wenn Sie lesen, beobachten, lernen und umsetzen:

Der Manifest-Verkauf identifiziert in einfachen Worten die 6,5 Bestandteile des neuen Verkaufsprozesses und baut für jeden von ihnen einfach zu erlernende und einfach umsetzbare Modelle auf:

1. **Anziehungskraft des Werts** (Sie erstellen soziale Botschaften, die den Leser/Betrachter/Zuhörer begierig auf mehr machen.)

2. **SIE-Vorbereitung** (Sie planen eine Strategie, bereiten sich vor und führen sie aus – und zwar mit Blick auf den Kunden.)

3. **Bindungskraft des Werts** (Anziehung PLUS Wert ergibt eine Verbindung.)

4. **Verbindung und vollständige Durchführung** (Die Art, wie Sie die Verbindung aufbauen und wie Sie sie für den Abschluss nutzen, lässt den Kunden den Wert erkennen, der über den Preis hinausgeht.)

5. **Aufbau profitabler, langfristiger Beziehungen** (Sie erhalten loyale Kunden, denen es auf den Wert ankommt.)

6. **Aufbau einer dauerhaften, erstklassigen Reputation, die Ihnen zu Weiterempfehlungen verhilft** (sowohl im Internet als auch in der Gesellschaft)

6,5 **Praktizierung des Nicht-Systems des Verkaufens** (Das Einzige, was dieses Nicht-System NICHT ist, ist manipulativ.)

Lassen Sie mich diese Schritte ein wenig genauer ausführen ...

Teil Eins: Anziehung ist eine Kombination aus sozialem Engagement und Branding. Sie ergibt sich aus konsistenten Botschaften und Angeboten, die für den Empfänger so vorteilhaft sind und die von ihm so gut aufgenommen werden, dass er sie mit seinen Followern teilt, sie weiterleitet, postet und weitertwittert.

Teil Zwei: Vorbereitung bietet ein neues Modell, das vier Dinge identifiziert und definiert: (1) die Situation, (2) die Gelegenheiten, (3) die Ziele und (4) das Ergebnis. ALLES ZUM VORTEIL DES KUNDEN. Das Modell verlangt aber auch von Ihnen, dass Teil (4,5) – der Klebstoff, der die gesamte Vorbereitung zusammenhält – DAS BESTE ist. Wenn Sie ZU JEDER ZEIT Ihr Bestes geben, erhöht sich der Prozentsatz an positiven Ergebnissen.

Teil Drei: Bindungskraft ist ein Szenario aus 4,5 Teilen, das dafür sorgt, dass jedem Angebot ein Wert innewohnt. (1) Warum sollte sich ein potenzieller Kunde von Ihnen angesprochen fühlen? (2) Warum sollte sich ein potenzieller Kunde von Ihrem Angebot angesprochen fühlen? (3) Wie nimmt der Kunde den Unterschied zwischen Ihnen und Ihrer Konkurrenz wahr? (4) Wie leicht lässt es sich, dem Gefühl des Kunden nach, mit Ihnen Geschäfte machen? (4,5) Die Botschaften müssen sowohl für den Leser wertvoll als auch im Angebot konsistent sein. Das ist die Formel, die eine profitable Verbindung zustande bringt.

Teil Vier: Verbindung identifiziert traditionelle Gelegenheiten, um Ihr Netzwerk zu erweitern und zu stärken, KOMBINIERT mit einem geschäftlichen Auftritt in den sozialen Medien, mit dem Sie die bestmöglichen Kontakte und potenziellen Kunden anziehen, und zwar durch die folgenden Quellen: (1) unaufgeforderte Weiterempfehlungen, (2) Anziehungskraft, Engagement und Verbindungen über soziale Medien, (3) bestehende Kunden und (4) Ihr Netzwerk.

Hier lernen Sie auch, wie Sie eine konsistente Wertebotschaft liefern, die dem Kunden Vorteile bietet, sodass er in Verbindung BLEIBT und loyal ist. Der Klebstoff in diesem gesamten Verbindungsprozess ist Ihr Wert und Ihr Ruf – sowohl im Internet als auch auf dem Weg der Mundpropaganda.

Teil Fünf: Der Aufbau profitabler Beziehungen stellt das neue Modell des verkaufenden Verkäufers auf die Probe: Er muss nach dem Verkauf Service und Wert bieten, denn das führt zu Loyalität. Und Loyalität führt zu weiteren Geschäftsabschlüssen und zu Empfehlungen. Hier finden Sie detaillierte Informationen darüber, wie Sie Beziehungen aufbauen und aufrechterhalten und wie diese Beziehungen dazu beitragen, Ihre Gewinne zu erhöhen und den Wettbewerb auszuschalten.

Teil Sechs: Reputation. Darunter verstehe ich die Charakterstärke, die schon lange beim Kunden angekommen ist, bevor er den Verkäufer überhaupt persönlich kennenlernt. Hier konzentrieren wir uns auf die verpasste Gelegenheit, eine persönliche Marke und Glaubwürdigkeit aufzubauen, die oft den Unterschied zwischen Erfolg und Misserfolg ausmacht.

Und Teil 6,5 ist die Durchführung. Ebenso wie Bindungskraft und Verbindung enthält dieser Teil die grundsätzlichen und grundlegenden Schritte zu der NEUEN Verkaufsmethode. Ich bezeichne sie als: Das Nicht-System des Verkaufens – intelligente, emotionale, freundliche, auf dem Wert aufbauende Einbeziehung des Kunden. Die Schritte sind: (1) die Fragen, die Sie stellen, (2) die Ideen, die Sie präsentieren, (3) Ihre mitreißenden Präsentationsfähigkeiten, (4) Ihr wahrnehmbarer Unterschied, Ihr wahrgenommener Wert und Ihre Beweise und (4,5) der Klebstoff, der alles zusammenhält, Ihre Einstellung, Überzeugung und die Begeisterung, die Sie auf den potenziellen oder bestehenden Kunden übertragen.

Solange Sie nicht aufwachen und erkennen, dass die alte Verkaufsmethode nicht mehr funktioniert, sind Sie ebenso verdammt wie das Faxgerät, der Blackberry und die Gelben Seiten.

Zusammenstellung der Gedanken, Ideen und Herausforderungen

Eine Sammlung der grundsätzlichen und grundlegenden Erfolgselemente und Aktionen, die in Ihrer Entwicklung und Umgebung als Verkäufer jetzt, in Zukunft und innerhalb der kommenden zehn Jahre stattfinden müssen.

EINE MANIFESTIERUNG DER GEDANKEN UND IDEEN FÜR IHR MANIFEST

- **Zeiteinteilung statt Zeitmanagement.** Die größte Zeitverschwendung auf Erden ist ein Kurs für Zeitmanagement. Nehmen Sie die 16 bis 18 Stunden, die Sie jeden Tag wach sind, teilen Sie sie in Abschnitte zu je 15 bis 30 Minuten und TEILEN Sie jeden Block einer Aufgabe ZU. Wenn Sie jedem Block etwas Positives zuordnen, wird sich Ihre Produktivität verdreifachen.

- **Mentale und körperliche Vorbereitung.** Mentale und körperliche Vorbereitung müssen in gleichem Maß geleistet werden. Wenn die beiden nicht im Gleichgewicht sind, gerät auch Ihre Verkaufsbilanz aus dem Gleichgewicht.

- **Technische Überlegenheit.** Menschen, die sagen: »Ich benutze kein Twitter und keine sozialen Medien«, geraten gegenüber denen, die es tun, ins Hintertreffen. Seien Sie kein solcher Mensch. Die sozialen Medien sind dazu da, dass Sie aus ihnen Vorteile ziehen. Ihr soziales Engagement führt zu sozialen Verbindungen und zum Social Selling. Investieren Sie in Ihre technischen Fähigkeiten, damit Sie mit anderen in Kontakt treten und wertvolle Verbindungen aufbauen können.

- **Soziale Anziehungskraft, Verbindungen und Ruf.** Investieren Sie Zeit in soziale Aktivitäten, denn nur so können Sie damit Erfolg haben. Das Soziale sind Ihr permanenter Lebenslauf, Ihre ins Auge fallenden Leistungen, Ihre Gedanken und schriftlichen Werke und auch Ihr Ruf als Person. Diese vier Elemente machen Sie so attraktiv, dass andere Leute Beziehungen zu Ihnen knüpfen wollen. Und so erhalten Sie Verkaufsabschlüsse.

- **Wie attraktiv sind Sie?** Diese Frage hat nichts mit gutem Aussehen zu tun, sondern mit Ihrem wahrgenommenen Marktwert. Wahrnehmbarer Wert und Anziehungskraft im Internet sind untrennbar miteinander verknüpft.

- **Service, der die Erwartungen übertrifft.** Das 5000 Jahre alte chinesische Sprichwort »*Dienen ist Herrschen*« war noch nie so wahr wie heute. Außergewöhnlicher Service, sowohl in der Wirklichkeit als auch im Internet, trägt dazu bei, dass Sie die Konkurrenz dominieren, weil Sie loyale Kunden und einen hervorragenden Ruf haben.

- **Qualität und Wert statt Preis.** Tun Sie sich mit Wert hervor und differenzieren Sie sich durch Qualität, dann hat der Preis kaum mehr Bedeutung. Sobald der Preis der entscheidende Faktor ist, verlieren Sie große Teile Ihres Gewinns, selbst wenn Sie den Abschluss erhalten.

- **Wahrgenommene und tatsächliche Unterschiede.** Es kommt allein auf die Wahrnehmung des Kunden an. Wie schafften Sie es, ihm zum Vorteil zu verhelfen? Wenn der Kunde einen Unterschied zwischen Ihnen und Ihrer Konkurrenz wahrnimmt, dann gibt es diesen Unterschied. Ansonsten gibt es nur Preisunterschiede.

- **Geld sparen oder Gewinn machen.** CEOs und CFOs wollen Gewinne machen. Am Sparen sind sie nicht interessiert. Die einzigen, denen es ums Sparen geht, sind Einkäufer und andere Angestellte auf den unteren Ebenen, die gut aussehen und Ihnen den Gewinn abnehmen wollen. Beginnen Sie daher lieber gleich an der Spitze.

- **Kommen Sie nicht alleine.** Wer ist bei Ihnen, wenn Sie einen Verkauf abschließen? Wenn Sie mit dem CEO des potenziellen Kunden sprechen wollen, dann bringen Sie Ihren mit und arrangieren Sie ein Treffen. Ich verspreche Ihnen, dass der Verkauf dann schneller und glatter über die Bühne geht.

- **Alle wollen BEWEISE.** Was ist bei Ihnen, wenn Sie einen Verkauf abschließen? Wenn Sie über sich selbst sprechen, gilt das als Angeberei. Wenn Sie dagegen Video-Aussagen anderer Kunden mitbringen, die Ihre Geschichte und Ihre Aussagen untermauern, gelten sie als BEWEISE!

- **Wer empfiehlt Sie?** Dies ist das ultimative MANIFESTO-ZEUGNIS. Wenn Ihre Kunden Sie aktiv weiterempfehlen –

ohne dass Sie darum bitten müssen –, dann haben Sie alles richtig gemacht und die Erwartungen sogar noch übertroffen. Wenn Sie nach einem Maßstab für Ihre Leistungen Ausschau halten, dann sind diese unaufgeforderten Empfehlungen das Richtige.

DEFINITION DES MANIFESTS ...

MANIFEST ist nicht nur MEHR.
MANIFEST ist AKTION.
Denken Sie. Lesen Sie. Erleben Sie.
Beobachten Sie.
Sammeln Sie – Ideen und Freunde.
Offenbaren Sie Ihre Gedanken.
Seien Sie anziehend. Bereiten Sie sich vor
und seien Sie vorbereitet.
Internet. Absicht. Engagement. Beziehungen.
Differenzieren Sie sich. Beweisen Sie Wert.
Dienen Sie mit Stolz. Bleiben Sie bescheiden.
Bleiben Sie nüchtern.
Schreiben Sie. Posten Sie. Antworten Sie.
Lieben Sie es oder lassen Sie es.
Belohnen Sie – sich und andere.
Tun Sie immer das Richtige.

Jeffrey Gitomer

Es gibt keinen Preis für den zweiten Platz – entweder Sie gewinnen oder Sie verlieren. Das war's.

Alle Wirtschaftsindikatoren und alle Ökonomen sagen einen BOOM voraus.

Ich glaube, uns stehen zehn Jahre eines erstaunlichen Wohlstandszuwachses bevor.

Die einzige Frage lautet: WIE WERDEN SIE WOHLSTAND ERWERBEN?

Dieses Buch bietet Ihnen gesicherte Sales-Antworten.

Ich glaube, dass die jährlichen Probleme und Herausforderungen à la »Erreichen Sie alle Ihre Ziele«, »Erleben Sie Ihr bisher bestes Jahr« und andere solche Varianten des immer gleichen Prozesses ziemlich ausgereizt sind.

Selbstverständlich wollen Sie Ihre Ziele erreichen, selbstverständlich wollen Sie Ihr bisher bestes Jahr erleben, oder etwa nicht? In diesem Buch geht es um das beste bisherige JAHRZEHNT! Die Frage lautet: Wie verwirklichen Sie das? Oder, besser gesagt, wie verwirklichen Sie das auf Ihrem derzeitigen Niveau?

Dieses Buch ist nicht nur das »Wie« – es ist ein Buch der schnörkellosen ANTWORTEN und AKTIONEN, das Sie an die Spitze Ihrer Verkaufsumgebung katapultieren und dort halten wird.

Was ist ein Sales-Manifest?

Ein Sales-Manifest ist eine Reihe von Direktiven und Antworten, die zu tatsächlichem Erfolg in der realen Welt führen. Keine Theorie. Keine Beschönigungen. Kein Beschiss. Nur Verkauf und Fakten.

Welchen Nutzen bringt mir dieses Buch?

In diesem Buch finden Sie lauter Sales-Ideen und Antworten, die Sie sofort nach dem Lesen praktisch anwenden können.

Dieses Buch wird Sie inspirieren und Ihnen das Selbstvertrauen geben, mit dem Sie neue Aktionen unternehmen und mehr Verkaufsabschlüsse erzielen können.

Wie verwende ich das Buch so, dass ich erfolgreich werde und Wohlstand erwerbe?

Dies ist ein Buch der Sales-Imperative. Dies ist ein Buch der nächsten Generation des Verkaufs sowie der Direktiven und Strategien zur persönlichen Weiterentwicklung, die Sie HEUTE einsetzen können.

Dies ist das Sales-Buch, das allen anderen Sales-Büchern als Maßstab dienen wird.

Was ist »Disruption«?

Das Geheimnis meines Sales-Erfolgs? ... Ich bin disruptiv, breche die Regeln, störe gewohnte Abläufe.

Disruption geht allem konventionellen und traditionellen Denken gegen den Strich. Sie bringt den Markt dazu, Ziele und Vorgaben neu zu überdenken.

Disruption verändert die Norm. Disruption hebt Sie vom Mittelmaß ab.

Dort, wo Ihnen der Gegenwind ins Gesicht bläst, treffen Sie vermutlich wenig Mitreisende, und im Oberlauf der Flüsse schwimmen die meisten Fische.

Ich verhalte mich inzwischen seit 30 Jahren disruptiv.

Meine Sales-Perspektive – die bald auch die Ihre sein wird – ist wie eine Ohrfeige für die herkömmlichen Verkaufsmuster.

Kaltakquise, Suche nach dem wunden Punkt, Sales-Pitch, Abschluss, Kundenzufriedenheit – all das ist völliger Unsinn.

Im Folgenden sehen Sie meine ECHTEN, disruptiven MANIFEST-Elemente, die Sie zur NEUEN Art des VERKAUFS bringen werden ...

- Anziehungskraft des Wertes.
- Anziehungskraft des Sozialen.
- Suchen Sie das, was Vergnügen bereitet.
- Stellen Sie emotionale Fragen.
- Entdecken Sie das Kaufmotiv.
- Bieten Sie IDEEN statt eines Sales-Pitches.
- Bestätigen Sie die Dringlichkeit des Angebots.
- Liefern Sie Wert vor und nach dem Verkauf.
- Verdienen Sie sich die Loyalität des Kunden.
- Verdienen Sie sich Empfehlungen.

Alle diese Elemente sind keine Hexerei, aber sie wirken wie ein HEXENBESEN, der Sie in Windeseile zum Erfolg als Verkäufer trägt. Jedes Element wird im Verlauf des Buches genau erklärt. Und das ist erst der Anfang.

Dieses SALES-MANIFEST gehört Ihnen. Sie können es nehmen, lernen, verstehen, umsetzen und dann den Gewinn einstreichen.

Mission 2

Der Manifest-Verkauf

Menschen möchten nichts verkauft bekommen, aber sie lieben es, etwas zu kaufen!™

Jeffrey Gitomer
KING of SALES

VOLLSTÄNDIGE ZUSAMMENSTELLUNG DER ELEMENTE UND AKTIONEN DES MANIFESTES

Diese ELEMENTE UND AKTIONEN sind Übergänge. Sie müssen sie meistern, um von dem, was im Verkauf nicht mehr gültig ist, überzuwechseln zum ...

MANIFEST-VERKAUF

Der MANIFEST-Verkauf

- **Es geht nicht mehr ums Verkaufen. Es geht nur darum, dass der Kunde kauft.** Menschen möchten nichts verkauft bekommen, aber sie lieben es, etwas zu kaufen™: Das ist mein eingetragenes Warenzeichen und meine lebenslange Verkaufsphilosophie. So sehr sich die Regeln des Verkaufs auch ändern mögen, diese eine Regel bleibt ein Maßstab für jede Verkaufsstrategie – und gleichzeitig ist es die Strategie, DIE AM HÄUFIGSTEN VERLETZT WIRD.

- **Es geht nicht mehr um das Anpreisen durch den Verkäufer. Es geht nur noch um Video-Beweise.** Der soziale Beweis ist die neue Norm. Die Leute posten Videos in allen möglichen sozialen Medien, die entweder für oder gegen die Personen sprechen, mit denen sie Geschäfte machten. Diese Videos schaffen Reputation, Realität und die Zukunft des Absatzes einer Firma.

- **Es geht nicht mehr um vorgefertigte Texte. Es geht um individuell angepasste und personalisierte Präsentationen.** Vorbereitete Notizen klingen nach unehrlichem Geschwätz. Der Kunde möchte eine individuelle Präsentation. ALLES DREHT SICH UM IHN.

- **Es ist auch keine Präsentation mehr. Wichtig ist, wie Sie auftreten.** Denken Sie einmal an Ihre Verkaufspräsentation. Denken Sie jetzt daran, wie Sie ein Lied vortragen. In beiden Fällen muss das Publikum Ihnen gewogen sein und Sie akzeptieren, wenn Sie gewinnen wollen. SING, BABY!

- **Es geht nicht mehr um Manipulation. Es geht nur noch um Harmonie.** Die alte Verkaufsmethode ist tot. Aussagekräftiger Dialog, soziales Engagement und Wertbotschaften haben den manipulativen Verkauf endgültig abgelöst.

- **Es geht nicht mehr um Körpersprache. Es geht um die gemeinsame Basis und die zwischenmenschliche Chemie.** SALES-MANIFEST-Experten versuchen nicht mehr, die Situation zu »deuten«, sondern sie gestalten die Situation EBENSO WIE DAS ERGEBNIS.

- **Es geht nicht mehr um Kaltakquise. Es geht vielmehr um Beziehungen und Empfehlungen.** Die Kaltakquise ist zwar eine Absatzstrategie, aber sie ist hinsichtlich der Durchführung am schwierigsten und hat gleichzeitig hinsichtlich der Ergebnisse DIE GERINGSTE Wirkung. Denken Sie: Soziale Bindungen. Denken Sie: Empfehlungen.

- **Es geht nicht mehr um einen Sales-Pitch. Es geht darum, dem Kunden zum Sieg zu verhelfen.** Wenn Ihre Präsentationsfolien dem Kunden nicht zeigen, wie er gewinnen kann, wie er einen Profit macht und wie er mithilfe Ihres Produkts oder Services mehr produzieren wird, dann werfen Sie Ihre Präsentation in den Müll und erstellen Sie eine, die dem Kunden hilft.

- **Es geht nicht mehr um das Abschließen eines Verkaufs. Es geht nur noch um den richtigen Einstieg (DANN um den Zuschlag).** Was nicht gut anfängt, endet auch nicht gut. Der Schlüssel zum Verkaufsabschluss steht in direktem Verhältnis zu einer gelungenen Gesprächseröffnung.

- **Es geht nicht mehr um den Verkauf eines Produkts. Es geht um das Ergebnis nach dem Kauf.** Konzentrieren Sie sich nicht auf den Verkauf, sondern darauf, was passiert, wenn der Kunde das Produkt besitzt. Es ist leicht, einen Verkauf abzuschließen, aber eine Beziehung entsteht nur, wenn Sie dafür sorgen, dass das Ergebnis die Erwartungen des Kunden übertrifft.

- **Es geht nicht mehr um untergeordnete Mitarbeiter, die nicht selbst entscheiden können. Es geht um den CEO.** Wenn Sie an der Spitze beginnen, wird die Arbeit mit den Mitarbeitern auf den unteren Rängen wesentlich leichter. Wenn Sie dagegen unten anfangen, kommen Sie oft unmöglich an die Spitze.

- **Es geht nicht mehr um das Nachfassen (»Follow-up«). Es geht um die komplette Umsetzung (»Follow-through«).** Nachfassen ist nur ein Anruf oder ein Besuch, bei dem Sie um weiteres Geld bitten. Eine komplette Umsetzung stellt dagegen sicher, dass Sie den Verkauf abschließen, das Produkt liefern und die Sache zu einem positiven Ergebnis führen. Nachfassen ist die alte Welt, Umsetzung ist MANIFEST-VERKAUF.

- **Es geht nicht mehr darum, ein großartiger Verkäufer zu sein. Es geht darum, ein vertrauenswürdiger Berater zu werden.** Vertrauen gewinnen Sie, indem Sie Vertrauen schenken. Ein vertrauenswürdiger Berater können Sie nur werden, wenn Sie als Person vertrauenswürdig sind.

- **Nicht mehr Sie rufen den Kunden an. Es geht darum, dass der Kunde Sie zu sich bittet.** Schaffen Sie Gründe und Gelegenheiten, die den Käufer dazu bringen, Sie anzusprechen. Posten Sie regelmäßig, sorgen Sie dafür, dass Ihr Ruf untadelig ist und Ihr Service sich einprägt. Halten Sie öffentliche Vorträge, lassen Sie sich in Ihrer Gemeinde sehen, werden Sie in der Gesellschaft in leitender Funktion aktiv.

- **Es geht nicht mehr um das »Gesetz der Anziehungskraft«. Es geht um die »Anziehungskraft des Wertes«.** Die Anziehungskraft des Wertes ist einer der Dreh- und Angelpunkte des Manifest-Verkaufs. Sie erzeugen Anziehungskraft durch Werte, indem Sie regelmäßig Nachrichten posten, die Ihr Kunde als wertvoll WAHRNIMMT. Das »Gesetz der Anziehung« gilt nicht mehr: Sie müssen Ihre Anziehungskraft selbst erzeugen.

- **Es geht nicht mehr um den Preis. Es geht nur noch um den WAHRGENOMMENEN WERT.** Wenn SIE einkaufen gehen, nehmen Sie ein Produkt, sobald sein Wert den Preis übersteigt. Das Gleiche gilt für Ihren Kunden. 74 Prozent der Kunden achten mehr auf Qualität und Wert als auf den Preis.

Der soziale MANIFEST-Verkauf

- **Es geht nicht mehr um anpreisende Darstellungen auf einer Website. Es geht um geschäftliche Social-Media-Nutzung als soziale Beweisstücke.** Das Verhältnis zwischen Anpreisen und Beweisen sollte bei 1 : 5 liegen. Auf jedes Angebot sollten fünf Beweis-Postings kommen. Wenn Sie dieses Verhältnis beibehalten, wird Ihr Absatz steigen.

- **Es geht nicht mehr darum, dass Verkäufer Produkte anpreisen. Es geht nur noch um soziale Beweise.** Denken Sie darüber nach, wie wertvoll und wichtig Zeugnisse sind. Denken Sie jetzt darüber nach, wie wenig Zeugnisse Sie besitzen. Überlegen Sie sich sofort einen MANIFEST-Plan, um sich mehr soziale Beweise zu verdienen (zu verschaffen).

- **Es geht nicht mehr darum, den Kunden zu googeln. Es geht darum, dass der Kunde Sie googelt.** Suchen Sie JETZT SOFORT in Google nach Ihrem Namen. Genau das sieht der Kunde, wenn er mit Ihnen telefoniert oder kurz bevor Sie in sein Büro treten. KÜMMERN SIE SICH DARUM, DASS MAN SIE GOOGELN KANN. Ihre Suchergebnisse in Google sind die MANIFESTATION Ihres MANIFESTS.

- **Es geht nicht mehr nur um Werbung. Es geht nur noch um Mundpropaganda UND Mauspropaganda.** Was die Leute über Sie sagen und posten, ist eine Million Mal wirkungsvoller als eine Anzeige in der Zeitung.

- **Es geht nicht mehr um Broschüren. Es geht um Blogging und das Posten wahrer Geschichten.** »Es war einmal ...« spricht die Leser viel stärker an als »wir sind die Besten«. Erzählen Sie die Geschichte und kommen Sie DANN auf den Punkt.

- **Es geht nicht mehr um Likes auf Facebook. Es geht darum, LIVE in Facebook zu sein.** Ganz gleich, was Sie politisch über Facebook denken – in Wirklichkeit ist es das größte Land der Welt. Vielleicht sollten Sie das Feature nutzen, mit dem Sie live an die ganze Welt senden können. Ich habe damit angefangen und kann meine Erkenntnisse in zwei Worten zusammenfassen: ES FUNKTIONIERT!

- **Der Desktop ist out. Mobil ist in.** Ohne Ihren Laptop oder Desktop-Computer kommen Sie gut ein, zwei Tage aus, aber auf Ihr Smartphone können Sie keine Minute verzichten – und schon gar nicht zwei Minuten lang. Ihr Smartphone ist Ihre Verbindung zur Welt und all ihren Informationen und Ressourcen. Zudem ist es Ihr wichtigstes Werkzeug, um über die sozialen Medien, E-Mail und Texte die Verbindung zu Ihren Kunden aufrechtzuerhalten. Es reicht nicht, das Smartphone nur zu »benutzen« – meistern Sie es.

- **Es geht nicht mehr ums Internet. Es geht um eine App.** Apps werden heute wesentlich stärker eingesetzt als das Internet. Das ist eine Realität, die Ihnen sagt, wohin der Verkauf geht und wo er wächst. Haben Sie eine App? Überlegen Sie sich eine App, die Spaß bereitet und abhängig macht.

Wir haben uns für den Weg des »Spiels« entschieden. Unsere Sales-Games und Spiele zur persönlichen Weiterentwicklung lehren durch Wiederholung. Die App selbst sorgt für

Wettbewerb unter den Spielteilnehmern. Das ist der perfekte Sales-Sturm (besuchen Sie www.GitomerLearningAcademy.com und sehen Sie es sich an).

- **Es geht nicht mehr nur um das Posten von Texten. Es geht darum, einen eigenen PODCAST zu produzieren.** Ich nutze unseren Podcast als Mittel, um mich mit meinem Publikum zu verbinden, neue potenzielle Abonnenten und Kunden zu gewinnen und dafür zu sorgen, dass meine Botschaft laufend über Internet und Smartphone verbreitet wird. Podcasts wachsen derzeit exponentiell und die neuen Meinungsführer treten stärker durch das gesprochene als das geschriebene Wort hervor. Ich persönlich habe beschlossen, beide zu nutzen. Meine Partnerin, Jennifer Gluckow und ich betreiben unseren Podcast »SELL or DIE« (»VERKAUFE oder STIRB«) täglich und erreichen mehr als 100 000 Downloads pro Monat. Das beweist mein Argument. ABER ich schreibe und poste auch weiterhin jeden Tag. Ich glaube, »Podcast plus Posting« ist in der Werbung die stärkste Kombination.

- **Es geht nicht mehr nur darum, interviewt zu werden. Es geht darum, Gast in einem PODCAST zu sein.** Suchen Sie nach Podcasts, die Ihr Fachgebiet als Thema haben. Stellen Sie eine Verbindung her und bitten Sie darum, als Gast teilnehmen zu dürfen. Bereiten Sie sich gut darauf vor. Wenn Sie gut sind, erhalten Sie alle möglichen Reaktionen. ALLE POSITIV. VÖLLIG GRATIS. Als Podcast-Gast erhöhen Sie Ihre Sichtbarkeit und Ihre Authentizität.

- **Es geht nicht mehr um E-Mail-Adressen. Es geht um Mobiltelefonnummern.** Wenn Sie die Handynummer

Ihres potenziellen oder bestehenden Kunden erhalten, wissen Sie, dass er Ihnen so sehr vertraut, dass Sie ihm Textnachrichten schreiben dürfen. Texten ist heute der augenblickliche Reaktionsmechanismus, so, wie vor 30 Jahren das Faxgerät. Jeder liest neue Textnachrichten sofort. Wenn Sie die Nummer haben, nutzen Sie sie nicht über Gebühr aus.

- **Es geht nicht mehr darum, wen Sie kennen. Es geht darum, wer Sie kennt.** Sie müssen nicht um Anerkennung kämpfen, Sie müssen sie nur verdienen. Sie verdienen sie, wenn Sie wertvoll sind, wenn Sie regelmäßig wertvolle Botschaften verschicken, und Sie verdienen sie durch den guten Ruf, der sichtbar wird, wenn jemand Ihren Namen googelt. Sobald Sie wertvoll geworden sind, müssen Sie nie wieder erklären, wer Sie sind. Sie können bei Verkaufsanrufen und -besuchen auf höherer Ebene starten und Sie besitzen bereits Glaubwürdigkeit, bevor Sie überhaupt beginnen.

- **Es geht nicht mehr um Kaltakquise. Es geht um LinkedIn.** Nehmen Sie sich vor Ihrem nächsten Kaltakquise-Anruf EINE MINUTE Zeit und suchen Sie den potenziellen Kunden auf LinkedIn. Verbinden Sie sich mit ihm und senden Sie ihm einen Link zu Ihrer Website, die nur aus einer Seite besteht. Notieren Sie sich als Vorbereitung eine oder zwei Fragen und RUFEN SIE DANN AN. Sie werden von Ihren Ergebnissen erstaunt sein.

- **Es geht nicht mehr darum zu twittern. Es geht darum, dass Ihre Tweets weitergetwittert werden.** Die meisten Verkäufer und Geschäftsleute können nicht gut twittern.

Seien Sie keine solche Person. Holen Sie sich mein kostenloses E-Book mit »Re-Tweetables« (Inhalten, die sich zum Weitertwittern eignen), folgen Sie der Anleitung und beginnen Sie damit, weitergetwittert zu werden.

- **Es geht nicht mehr um schriftliche Texte. Es geht um das gesprochene Wort und um Videos.** Das Sales-Monopoly-Spiel ist besser geworden. Die Leute gehen nicht mehr nur über Los und erhalten 200 Euro. Sie gehen über virale Botschaften und erhalten Millionen. Stehen Sie nicht nur als Zuschauer daneben, sondern beteiligen Sie sich (und erhalten Sie Ihr Geld)!

- **Es geht nicht mehr um schriftliche Zeugnisse. Es geht nur noch darum, dass Ihr Kunde Zeugnisvideos auf Facebook, Geschichten auf Instagram und Beweise im YouTube-Kanal veröffentlicht.** Die sozialen Medien und der soziale Verkauf werden von den Kunden bestimmt. Ihre Bewertung, ihre Reaktion auf Ihren Service, ihre Postings und ihre Geschichten sind die neue Norm. Die Leute glauben diesen Videos und Postings und kaufen dementsprechend (oder sie kaufen nicht). Es gibt nur einen Weg, um diese goldenen Zeugnisse zu bekommen – SIE MÜSSEN SIE SICH VERDIENEN.

- **Es geht nicht mehr darum, als Troll in LinkedIn möglichst viele Kontaktdaten zu sammeln. Es geht darum, wertvolle Botschaften zu veröffentlichen und dadurch potenzielle Kunden dazu zu bringen, LinkedIn-Kontaktanfragen an Sie zu richten.** Wenn Sie in LinkedIn und anderen sozialen Medien nicht regelmäßig wertvolle Botschaften posten, bleibt Ihnen nur die Möglichkeit,

LinkedIn nach potenziellen Kunden abzugrasen und als Troll betrachtet zu werden. Das ist aber nicht gut. Je mehr wertvolle Botschaften Sie posten, die sich genau an die Leute richten, zu denen Sie Kontakt herstellen wollen, desto leichter wird es für diese Personen, mehr von Ihnen zu wollen.

Der MANIFEST-Kundenservice und Loyalität

- **Es geht nicht mehr um Kundenzufriedenheit. Es geht nur noch um Kundenloyalität.** Kundenzufriedenheit ist der trügerischste Maßstab, der je einem Kunden ins Gehirn gepflanzt wurde. Ich will Loyalität, nicht Zufriedenheit. Das Maß Ihres Erfolgs bei einem Kunden Ihrer Firma lässt sich auf zwei Faktoren einengen:

  1. Werden Sie wieder mit mir Geschäfte machen?

  2. Werden Sie mich weiterempfehlen?

  Alle anderen Maßstäbe sind trügerisch und wertlos. Wenn Sie Beweise brauchen, nehmen Sie den JD-Power-Customer-Satisfaction-Award: Er wird an Fluggesellschaften verliehen! Welche Kategorie käme da wohl infrage?

- **Es geht nicht mehr um Kundendienst. Es geht nur noch darum, dem Kunden bei seinem Geschäft zum Erfolg zu verhelfen.** Wenn Sie nur Service bieten, sichern Sie sich weder Loyalität noch Nachbestellungen. Sie müssen Wert liefern und die Person sein, bei der sich der Kunde darauf verlassen kann, dass Sie SEIN Geschäft fördert.

- **Es geht nicht mehr um großartigen Service. Es geht darum, in Erinnerung zu bleiben.** In der heutigen Welt, in der jede Dienstleistung »augenblicklich« geleistet wird, »Rückgaben ganz leicht« sind und »Online-Bewertungen« vergeben werden, gewinnt nur noch »Service, der im Gedächtnis bleibt«. Unvergesslichkeit ist das »Plus-1«, das NACH dem Service stattfindet.

- **Nicht der Computer darf am Telefon antworten. Sie müssen live ans Telefon gehen.** »Damit wir Sie besser bedienen können, wählen Sie eine der folgenden neun Optionen.« Das ist nicht nur eine Lüge, sondern auch eine Beleidigung. Selbst große Firmen kehren dazu zurück, die Telefone wieder mit echten Menschen zu besetzen, die »Hallo« sagen. 24-7-Anrufbeantworter gibt es überall auf der Welt. Mieten Sie einen.

- **Es geht nicht mehr um Transaktionen. Es geht um die Gelegenheit, sich Respekt zu verdienen und eine Beziehung aufzubauen.** Jeder Verkauf und jeder Service-Besuch ist eine zusätzliche Verkaufsgelegenheit. Leider betrachten viele Kundendienst-Mitarbeiter die Interaktionen mit den Kunden als Ablenkung oder Störung. Dienen Sie, um erneut zu verkaufen. Dienen Sie, um zu dominieren. Dienen Sie, um zu herrschen.

Neudefinition des »Sei bereit«

- **Es geht nicht mehr um Ihren Sales-Pitch. Es geht nur noch um Ihre Kreativität.** Was ist der Unterschied zwischen Ihnen und Ihrem Konkurrenten? Genau das will der Kunde wissen. Wenn Sie mit einer kreativen Präsentation ankommen, ist das ein guter Anfang. Wenn Sie den Kunden emotional einbinden, ist das der nächste Schritt. Und wenn

Sie ihm Ideen liefern, die er als wertvoll betrachtet, und sie mit irgendwie gearteten Beweisen untermauern können, dann erhalten Sie den Zuschlag zu Ihrem Preis. Andernfalls haben Sie nur einen Sales-Pitch, der damit endet, dass der Kunde sagt: »Können Sie mir bitte ein Angebot schicken?«

- **Es geht nicht mehr um eine vom Marketing erstellte/ fertige Präsentation. Es geht darum, dass Sie sich auf den Kunden vorbereiten.** Wenn Sie mit einem Stapel Folien und Informationen über sich und Ihr Produkt ins Zimmer treten, sind Sie für einen Verkaufsabschluss vollkommen unvorbereitet. Der Kunde erwartet intelligente und engagierte Fragen. Er erwartet, dass Sie über ihn und seine Probleme Bescheid wissen, und dass Sie ein, zwei Ideen mitbringen, die Sie von Ihren Wettbewerbern unterscheiden. Folien verlieren, Ideen siegen.

- **Es geht nicht mehr um die Präsentation von Fakten. Es geht darum, neue Ideen ins Gespräch einzubringen.** Wie Sie aus dieser Liste ersehen können, bin ich ganz entschieden der Meinung, dass man zu einem Verkaufsbesuch Ideen mitbringen muss, die für den Kunden gut sind. Das ist der Weg des Manifests. Der Kunde hört Ihren Ideen tausendmal genauer zu als Ihrer Präsentation.

- **Es geht nicht mehr ums Erzählen. Es geht um wirkungsvolle, emotional ansprechende Fragen.** Solange Sie sprechen, erfahren Sie nichts. Sie müssen aber die Bedürfnisse, Wünsche und Motive des Kunden kennenlernen und erfahren, welche Ergebnisse er sich erhofft. Darin liegt der Verkauf. Also hören Sie auf zu sprechen und stellen Sie lieber Fragen. So werden sich Ihre Verkaufszahlen verdoppeln.

Neudefinition Ihrer Person

- **Es geht nicht mehr ums Fernsehen. Es geht darum, zu schreiben und eine persönliche Marke zu entwickeln.** Fernsehen ist nicht nur verschwendete Zeit, es ist verschwendetes Leben. Wenn Sie rechtfertigen wollen, dass Sie eine Sendung ansehen, fragen Sie am besten: Wird sie mein Einkommen verdoppeln? Wenn nicht, sollten Sie sich überlegen, Ihre Zeit in etwas zu *investieren*, das sowohl Geld bringt als auch eine Hinterlassenschaft. Während Sie fernsehen, schreibe ich Bücher. Das ist eine Entscheidung.

- **Es geht nicht mehr um Zeitmanagement. Es geht um die Einteilung der Zeit.** Die Zeit lässt sich nicht managen. Wenn Sie sie stattdessen zuteilen, wird sich Ihre Produktivität verdreifachen und gleichzeitig gelangen Sie auf den Weg zu einem höheren Einkommen. Wenn Sie sich Ihre Zeit in 30-Minuten-Abschnitte einteilen, werden Sie unglaubliche Ergebnisse erzielen.

- **Es geht nicht darum, den Kunden zu googeln. Es geht darum, dass der Kunde Sie googelt.** Verkäufer suchen in Google nach potenziellen Kunden und denken nie daran, dass die Kunden umgekehrt auch sie googeln. Aufgabe: GOOGELN SIE SICH JETZT SOFORT. Genau das sieht Ihr Kunde, wenn Sie in sein Büro treten. Beginnen Sie Ihren MANIFEST-Weg damit, dass Sie das in Ordnung bringen.

- **Es geht nicht mehr um die Beherrschung Ihres Fachs. Es geht um wahre Meisterschaft.** Wer in der heutigen Vertriebswelt erfolgreich sein will, muss ein Meister sein. Nicht nur im Verkauf, sondern auch in seiner Einstellung, im

Schreiben, Zuhören, Aufbau von Beziehungen und im Anbieten von Wert. Wenn Sie nur ein wenig besser sind als Ihre Konkurrenz, werden sich Verkäufe und Absagen wahrscheinlich in etwa die Waage halten. Investieren Sie also die Zeit, die Sie brauchen, um zur Meisterschaft zu gelangen. Der Preis ist klein im Vergleich zu Ihrem zukünftigen Gewinn.

- **Es geht nicht mehr um Wissen. Es geht um Verständnis und Anwendung.** Verkäufer meinen immer, sie wüssten alles. Das Problem ist, dass das nicht stimmt. Zwischen dem Wissen und dem richtigen Handeln ist ein großer Unterschied. Ebenso zwischen dem Wissen und seiner Anwendung. Dieser Unterschied bringt Sieg und Geld.

- **Es geht nicht mehr um Ziele und Zielsetzung. Es geht um Absichten und Leistung.** Wenn ich für jedes gesetzte, aber nicht erreichte Ziel 25 Cent bekäme, wäre ich jetzt schon Multimilliardär. Ziele sind wertlos ohne die Absicht, sie auch zu erreichen. Wenn Sie ein Ziel ins Auge fassen, müssen Sie sich dazu verpflichten, Ihre Absicht fest darauf richten und vollen Einsatz bringen, um es zu erreichen. Das Geheimnis der Ziele liegt nicht in ihrer Festlegung. Es liegt darin, auch die Absicht zu ihrer Erreichung zu haben und sich dabei eine Frist zu setzen. Tun Sie es einfach.

- **Es geht nicht darum, ein Vorbild zu sein. Es geht darum, den Maßstab zu setzen.** Wenn Sie sich die heutigen Milliardäre und die Personen mit den besten Leistungen ansehen, führt keiner von ihnen durch sein Vorbild. Jeder von ihnen setzt eigene Maßstäbe – denen andere dann folgen.

Wenn Sie ein Manifest-Verkäufer werden wollen, gibt es nur einen Weg: Setzen Sie den Maßstab.

- **Es geht nicht mehr um den Ruf der Firma. Es geht um IHREN Ruf.** Wenn Sie sich selbst googeln, entdecken Sie, was der Kunde sieht, wenn er für sich entscheiden will, welche Art Mensch Sie sind. Die Elemente und Postings in Google erzeugen im Kopf des Kunden ein Bild von der Person, mit der er es zu tun hat (also deren »Ruf«). Es ist weder Ihre Firma noch deren Produkte, sondern SIE! Ich empfehle Ihnen äußerst dringend, sich selbst zu googeln, damit Sie erkennen, wo Sie im Moment stehen, und damit Sie einen Plan entwickeln können, mit dem Sie Ihre Online-Reputation auf ein »beeindruckendes« Niveau heben.

- **Es geht nicht mehr darum, sich mit der Konkurrenz zu vergleichen. Es geht darum, dass Sie als ANDERS als Ihre Wettbewerber wahrgenommen werden.** Die Erklärung hierfür ist sehr simpel: Wenn Sie sich mit Ihrem Wettbewerber vergleichen, geht es um den Preis. Wenn Sie sich aber von Ihrem Konkurrenten unterscheiden, rückt der Wert in den Blickpunkt. Was also ist Ihr Wert – so ausgedrückt, dass der Kunde ihn als Wert wahrnimmt und daher seine Kaufentscheidung zu Ihren Gunsten trifft? Unterschied, NICHT Vergleich. Wert, NICHT Preis. Simpel.

- **Nicht Sie dürfen die Konkurrenz hassen. Die Konkurrenz muss Sie hassen.** Wenn Sie Ihre Wettbewerber hassen, bedeutet es, dass sie besser sind. Wenn sie dagegen Sie hassen, bedeutet es, dass Sie der Bessere sind.

- **Es geht nicht mehr um Geld. Es geht um Wohlstand.** Es gibt viele Arten des Wohlstands. Natürlich lässt er sich in Geld am einfachsten messen, aber es gibt noch viele andere Formen: Ihre Familie, Ihre Bibliothek, Ihre schriftlichen Werke, Ihre Reiseerfahrungen und Ihr Wissen. Messen Sie Ihren Wohlstand nie nur am Geld. Oft ist es sogar der unwichtigste Teil.

- **Es geht nicht mehr um Erfolg. Es geht um Erfüllung.** Nur weil Sie erfolgreich sind, sind Sie nicht unbedingt auch erfüllt. Erfolg wird nicht nur durch Geld definiert, sondern auch durch Glück, Gesundheit, Familie und das Gefühl, dass Sie das erreicht haben, was Sie sich vorgenommen hatten.

AUFGABE: Ich habe Ihnen gerade eine Liste der MANIFEST-ÜBERGÄNGE vorgelegt. Auch wenn sie nun anfangs überwältigend erscheinen, ist der Berg nicht so hoch, dass Sie ihn nicht erklimmen könnten. Stellen Sie Ihre Fahne am Gipfel auf.

Manifest-Moment

Der Manifest-Verkauf konzentriert sich auf den Kunden. Er beruht auf Wert, beinhaltet null Manipulation, ist leicht verständlich, erzeugt echte Anziehungskraft und bietet den Verkäufern das Eine, auf das sie beim Erklimmen der Erfolgsleiter immer hoffen: UMSETZBARE ANTWORTEN.

Der Manifest-Verkauf ist der einzige Weg.

Damit ich für mich, meine Kunden und meine Firma immer das Beste erreiche, habe ich diese ...

22,5 Sales-Manifest-Gebote

1. Ich verhalte mich so, als sei jeder Tag mein Erster in dem Job. Ich will alle beeindrucken.
2. Ich behandle jeden Kunden so, als sei er Michael Jordan.
3. Der Kunde, mit dem ich gerade spreche, ist die wichtigste Person auf Erden.
4. Ich lächle immer.
5. Meine Stelle/Karriere hängt davon ab, wie ich die Kunden behandle.
6. Ich bestimme den Umgangston. Er wird immer positiv sein.
7. Ich bin freundlich, begeisterungsfähig und positiv. Dies sind drei der wirkungsvollsten Aktionswörter der Welt.
8. Ich beginne mit einem »JA«.
9. Es kommt nicht nur darauf an, was ich sage, sondern auch, wie ich es sage.
10. Ich begeistere mich für den Kunden.

11. Mir ist bewusst, dass Kunden eigene Gründe für einen Kauf haben. Meine sind nicht so wichtig. Ich will ihre Gründe herausfinden – als Erstes.
12. Mir ist bewusst, dass die Menschen andere Probleme haben, neben dem, was ich verkaufe.
13. Eines meiner Ziele lautet, meine Lebensweise nach dem Satz auszurichten: »Ich kümmere mich persönlich darum.«
14. Ich spreche Kunden immer mit ihrem Namen an.
15. Ich helfe den Menschen, das zu bekommen, was sie wollen.
16. Selbst wenn es für mich das 10 000. Mal ist – für den Kunden ist es das erste Mal.
17. Ich bitte um den Zuschlag.
18. Meine Ziele hänge ich dort auf, wo ich sie immer sehe.
19. Ich nehme mich selbst jede Woche auf und höre mir eine Stunde zu.
20. Jeden Tag lerne ich 20 Minuten lang etwas Neues.
21. Ich kenne unser Produkt so gut wie meinen eigenen Namen.
22. Ich tue mein BESTES – und zwar immer.

22,5 Ich danke immer allen für alles.

16,5 Elemente des Manifest-Verkaufs

Jeffrey Gitomers 16,5 Gebote für die MEISTERSCHAFT im Verkaufserfolg

1. Menschen möchten nichts verkauft bekommen, aber sie lieben es, etwas zu kaufen™. Finden Sie heraus, warum die Menschen kaufen wollen, und Sie werden ein Manifest-Meister.

2. Der Verkäufer muss als Erstes sich selbst verkaufen. Wenn die Kunden Sie nicht kaufen, werden sie auch nichts von dem kaufen, was Sie anbieten.

3. Ihr Ruf eilt Ihnen voraus. Google und Mundpropaganda entscheiden über Ihr Schicksal schon lange, bevor das Gespräch beginnt.

4. Werden Sie interessant. Damit überwinden Sie einen der wichtigsten zehn Einwände, nämlich: »Wir sind nicht interessiert!«

5. Die Menschen haben eigene Gründe für den Kauf und das sind nicht Ihre Gründe. Finden Sie ihre Gründe heraus, BEVOR Sie Ihre Präsentation beginnen.

6. Ihre Fragen entscheiden über Ihren Erfolg. Stellen Sie emotionale Fragen, die den Kunden einbinden, damit Sie zum Kern des Geschäfts vordringen können.

7. Ideen siegen, Folien verlieren. Wenn Sie eine Idee vorbringen, die für den Kunden vorteilhaft ist, brauchen Sie keine Folien mehr.

8. Sie müssen fähig sein »The Knowledge«* zu übertragen. Damit Sie »The Knowledge« herüberbringen, müssen potenzielle und bestehende Kunden Ihre Leidenschaft spüren – Ihren Glauben, Ihre Intelligenz, Ihre Ideen und Ihre Ehrlichkeit – jenseits des Hypes eines Sales-Pitches.

*»The Knowledge« (»Das Wissen«) ist das Zertifikat für Taxifahrer in London. Um die Taxi-Lizenz zu bekommen, müssen sie die Stadt so genau kennen wie ihre Westentasche. Das dauert vier Jahre. Das Gleiche gilt für Ihr Wissen.

9. BEWEISEN SIE ES! Beweise verkaufen auch dort, wo es Verkäufern nicht gelingt. Wenn Sie über sich selbst sprechen, wirkt es angeberisch. Wenn andere Leute über Sie sprechen, ist es ein Zeugnis und ein Beweis!

10. Wenn alles andere gleich ist, machen die Leute lieber mit ihren Freunden Geschäfte. Haben Sie Freunde?

11. *Networking* funktioniert. Gezieltes Knüpfen von Kontakten, von Angesicht zu Angesicht, führt zu Verbindungen, Terminen, Präsentationen und Verkäufen.

12. Es beginnt mit einem LIKE. Wenn die Leute Sie mögen und Ihnen glauben, wenn sie Ihnen vertrauen und auf Sie bauen können, dann kaufen sie VIELLEICHT auch von Ihnen.

13. Entdecken Sie das »Warum« DES KUNDEN. Es kommt nicht darauf an, wie man verkauft, es kommt darauf an, warum der Kunde kauft.

14. Verkaufen Sie, um zu helfen, dann kommen die Aufträge von selbst. Denken Sie nicht an Aufträge, denken Sie an Ihre Mission.

15. Es geht NICHT um Zufriedenheit, es geht um LOYALITÄT. *Definition von Loyalität:* Werden Sie wieder mit mir Geschäfte machen? Werden Sie mich weiterempfehlen?

16. Bitten Sie jedes Mal um den Abschluss. Warum sollten Sie nicht jedes Mal um den Abschluss bitten? Warum bitten SIE nicht jedes Mal um den Abschluss?

16,5 HIER ist das GEHEIMNIS. Es ist harte Arbeit. **HIER ist das noch größere GEHEIMNIS:** Die meisten Verkäufer scheuen die harte Arbeit, die erforderlich ist, damit das Verkaufen ganz leicht wird.

Worte des ERFOLGS und ein WARNENDER HINWEIS zum WOHLSTAND ...

Falls es Abkürzungen zum Erfolg und Wohlstand gibt, schicken Sie sie mir bitte – ich konnte bisher keine entdecken.

Gehen Sie den LANGEN WEG. Und verbannen Sie die Dinge aus Ihrem Leben, die Zeit verschwenden, nicht wichtig sind oder kein Geld bringen.

Jeffrey Gitomer

Abgehoben oder nicht bei Verstand? Vielleicht beides!

In einer Umfrage, durchgeführt von einer GROSSEN Management-Firma für Zusatzleistungen (einer Beratungsfirma für Management und Personalwesen), wurden 365 CEOs und leitende Vertriebsmanager gefragt: »Welche drei Schlüsselfaktoren unterscheiden hoch leistungsfähige Vertriebsmitarbeiter von den anderen Vertriebsmitarbeitern mit mittlerer oder niedriger Leistung?«

Sowohl die CEOs als auch die Vertriebsmanager auf höchster Ebene (alles Leute, die selbst nicht verkaufen, deren Bezahlung aber von den Verkäufen der Vertriebsmitarbeiter abhängt) werteten »Selbstdisziplin/Motivation« als den wichtigsten Faktor.

Gleich danach folgten »Kenntnis des Kunden«, »angeborenes Talent/Persönlichkeit«, »Produktkenntnisse« und weiter unten kamen dann noch »Erfahrung« und »Fähigkeit zur Teamarbeit«.

Völliger Unsinn.

Dies sind die Eigenschaften der Gier der Unternehmer. Wert, Service und Hilfe sind die WAHREN drei Dinge, die Kunden brauchen, damit sie Ihnen ihre Geschäfte anvertrauen und loyal bleiben.

GROSSER FEHLER: Wenn »Meinungsforscher« den Leuten Fragen stellen, warum fragen sie dann nicht die Leute, die tatsächlich die Arbeit machen?

Ich bin Autor, aber ich bin auch ein Verkäufer. Ich spreche jeden Tag mit Kunden, am Telefon oder persönlich, und ich verkaufe auch jeden Tag. Wenn Sie wirklich an den Faktoren und Eigenschaften interessiert sind, die einen hoch leistungsfähigen Verkäufer ausmachen, lassen Sie mich Ihnen eine realistische Liste geben.

1. Eine dauerhaft und einheitlich positive Einstellung und Begeisterung. Dies ist die erste Regel, wenn Sie vor den Kunden treten, wenn Sie auf Hindernisse treffen, wenn Sie der Konkurrenz und der Wirtschaftslage entgegentreten und wenn Sie sich selbst betrachten. Und es gilt vor allem auch am Telefon.

2. Vierfacher Glaube an sich selbst. Unerschütterlicher Glaube an Ihre Firma, unerschütterlicher Glaube an Ihr Produkt UND unerschütterlicher Glaube an sich selbst sind die obersten drei Regeln. An vierter Stelle folgt aber noch der entscheidendste Glaubensgrundsatz: Sie MÜSSEN glauben, dass es dem Kunden besser geht, wenn er etwas von Ihnen gekauft hat.

3. Einsatz der Kreativität. Seien Sie kreativ, wenn Sie dem Kunden die Ideen präsentieren, die ihm helfen sollen, und seien Sie kreativ, wenn Sie sich von der Konkurrenz abgrenzen wollen.

4. Sie geben und beweisen Wert. Beweisen Sie den Wert Ihres Produkts oder Ihrer Dienstleistung und geben Sie dem POTENZIELLEN KUNDEN einen Wert, der über den Verkauf hinaus wirkt, damit Sie die Bestellung erhalten und darüber hinaus weitere Bestellungen und Loyalität.

5. Verkaufsförderung und Positionierung. Nutzen Sie persönlich das Internet. Bloggen und posten Sie, mailen Sie Ihr eigenes Magazin, vernetzen Sie sich, nutzen Sie die sozialen

Medien und erwerben Sie sich einen guten Ruf durch vorteilhafte Positionen hoch oben in der Suchliste von Google. Dann nehmen Ihre Kunden Sie als eine Person wahr, die Wert liefert und in ihrem Fach führend ist.

6. Hervorragende, faszinierende Präsentationsfähigkeiten. Solide Kommunikationsfähigkeiten genügen nicht, Sie brauchen eine überlegene Fragetechnik, die Fähigkeit zum Zuhören und einen Sinn für Humor. Sie müssen die Kunden einbeziehen und ihre Fantasie (und ihren Geldbeutel) gefangen nehmen.

7. Sie stellen im Gespräch einen »persönlichen Draht« her. Finden Sie eine gemeinsame Basis, um die Unterhaltung zu entspannen und durch Einfühlungsvermögen die Wahrheit herauszufinden.

8. Sie beweisen Ihren Wert und Ihre Behauptungen durch Zeugnisse anderer Kunden. Zeugnisse verkaufen, wo es Verkäufern nicht gelingt. Die BESTEN Verkäufer unterstützen, untermauern und beweisen ihre Behauptungen anhand von Videobeweisen auf YouTube. ABER Tatsache ist: Zeugnisse bekommt man nicht einfach, man muss sie VERDIENEN. (Dasselbe gilt für Empfehlungen.)

BEACHTEN SIE: *Wenn Sie einen Beweis dafür brauchen, dass Sie Spitzenleistungen erbringen, sind Nutzergeschichten und Empfehlungen das beste Zeugnis.*

9. Sie erzeugen eine Atmosphäre, in der die Menschen KAUFEN wollen (weil sie es hassen, etwas VERKAUFT zu bekommen). Dies gelingt Ihnen, indem Sie die Leute einbeziehen und Fragen stellen. Nicht, indem Sie präsentieren und Vorträge halten.

10. Sie bauen eine Beziehung auf, statt zu jagen oder zu kultivieren. Ich frage mich, ob die »leitenden Manager«, die über die Faktoren leistungsfähiger Verkäufer sprachen, dieselben Schwachköpfe sind, die ihre Vertriebsleute in »Jäger« und »Farmer« einteilen. HILFE! Großartige Verkäufer sind Menschen, die Beziehungen unterhalten können, die ihren Kunden Wert bieten und ihnen helfen zu gewinnen. Diese leitenden Manager haben den Kopf im Sand. Sie können selbst keinen Laptop öffnen und verbieten ihren Mitarbeitern im Büro die Nutzung von Facebook, persönlichen Websites und Blogs. EIN RAT: Sollten Sie in so einer Situation stecken, wechseln Sie zur Konkurrenz.

11. Eine PERSÖNLICHE Social-Media-Plattform fördert das Social Selling und stärkt Ihren Ruf. Das Minimum sind: 1000 geschäftliche Facebook-Likes, 501 LinkedIn-Verbindungen, 500 Follower auf Twitter, 25 YouTube-Videos und ein Blog, auf dem Sie wöchentlich posten.

12. Feste persönliche Werte und unerschütterliche Moral. Großartige Menschen haben großartige Werte und sind moralisch gefestigt. Es ist interessant, dass die CEOs dies nicht auf einen der zehn obersten Plätze setzen.

12,5 Der persönliche Wunsch, Hervorragendes zu leisten und immer das Beste zu geben. Diese Eigenschaft wünscht sich jeder Verkäufer, ABER die besten Verkäufer sind auch Meister in den übrigen zwölf Elementen. Sie müssen gemeistert werden, damit sich diese Eigenschaft manifestieren kann.

Im Verkauf gibt es keinen Preis für den zweiten Platz. Entweder man gewinnt oder man hat nichts. Die Meister wissen das. Sie streben nach einem winzigen, wichtigen Vorsprung und kämpfen um ihn.

Und falls noch einmal eine Umfrage gestartet werden sollte, habe ich eine gute Idee für die CEOs und Vertriebsleiter. Es gibt eine einfache Möglichkeit, die wichtigsten Faktoren und Eigenschaften großartiger Verkäufer herauszufinden: Besuchen Sie einfach selbst ein paar Kunden.

Und wenn es wirklich lustig werden soll, dann nehmen Sie auch die Marketing-Leute mit.

> Wenn alles andere gleich ist, dann machen die Leute lieber Geschäfte mit Freunden.
> Und auch, wenn alles andere nicht ganz so gleich ist, machen die Leute dennoch lieber Geschäfte mit ihren Freunden.
>
> *Jeffrey Gitomer*
> **KING of SALES**

Die 17,5 Fragen, die Sie sich stellen müssen, um sich eine Manifest-Einstellung zuzulegen

1. Bin ich bereit, jeden Tag mein BESTES zu geben?
2. Liebe ich meine Arbeit so sehr, dass ich jeden Tag mein Bestes geben kann?
3. Glaube ich an mich selbst?
4. Lerne ich täglich etwas Neues über das Verkaufen, die persönliche Einstellung, über Werte und das Leben?
5. Lese ich genug, um neue Dinge zu lernen?
6. Schreibe ich genug Wert-Botschaften, die ich posten und durch die ich Anziehungskraft erzeugen kann?
7. Ist meine Einstellung so positiv wie möglich?
8. Habe ich den echten Wunsch, in diesem Beruf etwas zu leisten?
9. Bringe ich genug Einsatz, um meinen Erfolg zu verwirklichen?

10. Wie kann ich die Schranken, die mich zurückhalten, überwinden oder beseitigen?
11. Helfe ich anderen, ohne Gegenleistungen zu erwarten?
12. Baue ich stabile, langfristige Beziehungen auf?
13. Habe ich die Verbindungen und Beziehungen, die ich zum Aufbau meiner Karriere brauche?
14. Verbringe ich meine Zeit mit der Art von Menschen, zu der ich mich entwickeln möchte?
15. Verhalte ich mich bei all meinen Geschäften ehrenhaft?
16. Bin ich ein vertrauenswürdiger Berater?
17. Bin ich stolz auf das, was angezeigt wird, wenn ich mich selbst google?

17,5 Könnte ich meiner Mutter stolz alles erzählen, was ich tue?

Jetzt kommt der schwierige Teil ...

Die 17,5 Fragen waren der leichte Teil. Nun folgt der MANIFEST-Teil. Die 17,5 **Aussagen**, an denen Sie sich messen müssen, um Ihre Manifest-Einstellung unter Beweis zu stellen.

So bearbeiten Sie den Test: Kreisen Sie die Zahl ein, die Ihrer gegenwärtigen Situation, Ihrem Gefühl oder Kenntnisstand entspricht.

(1 = wenig/schlecht, 2 = durchschnittlich, 3 = gut, 4 = sehr gut, 5 = am besten/meisten)

(1 = nie, 2 = selten, 3 = manchmal, 4 = häufig, 5 = immer/täglich)

❒ Ich bin bereit, jeden Tag mein BESTES zu tun.   **1 2 3 4 5**

❒ Ich liebe meine Arbeit so sehr, dass ich jeden Tag mein BESTES geben kann.   **1 2 3 4 5**

❒ Ich glaube an mich selbst.   **1 2 3 4 5**

❒ Ich lerne täglich etwas Neues über das Verkaufen, die persönliche Einstellung, Werte und das Leben.   **1 2 3 4 5**

❒ Ich lese genug, um neue Dinge zu lernen.   **1 2 3 4 5**

- ☐ Ich schreibe genug Wert-Botschaften, die ich posten und durch die ich Anziehungskraft erzeugen kann. **1 2 3 4 5**
- ☐ Meine Einstellung ist so positiv wie es nur geht. **1 2 3 4 5**
- ☐ Ich habe den echten Wunsch, in diesem Beruf etwas zu leisten. **1 2 3 4 5**
- ☐ Ich setze mich dafür ein, dass ich meinen Erfolg verwirklichen kann. **1 2 3 4 5**
- ☐ Ich glaube daran, dass ich die Schranken, die mich zurückhalten, überwinden oder beseitigen kann. **1 2 3 4 5**
- ☐ Ich helfe anderen, ohne Gegenleistungen zu erwarten. **1 2 3 4 5**
- ☐ Ich baue stabile, langfristige Beziehungen auf. **1 2 3 4 5**
- ☐ Ich habe die Verbindungen und Beziehungen, die ich zum Aufbau meiner Karriere brauche. **1 2 3 4 5**
- ☐ Ich verbringe meine Zeit mit der Art von Menschen, zu der ich mich entwickeln möchte. **1 2 3 4 5**
- ☐ Ich verhalte mich bei allen Geschäften ehrenhaft. **1 2 3 4 5**
- ☐ Ich werde von anderen als vertrauenswürdiger Berater betrachtet. **1 2 3 4 5**

☐ Ich bin stolz auf das, was angezeigt wird,
wenn ich mich selbst google. **1 2 3 4 5**

☐ Ich erzähle meiner Mutter stolz alles, was ich
tue. **1 2 3 4 5**

So können Sie den Test für sich persönlich nutzen

Es sind insgesamt 18 Aussagen. Prüfen Sie noch einmal Ihre Antworten. Markieren Sie die Kästchen am linken Rand bei allen Fragen, in denen Sie 1, 2 oder 3 eingekreist haben. Das sind die Bereiche, in denen Sie noch schwach sind. Die markierten Kästchen werden zu Ihrem persönlichen Plan, mit dem Sie sich eine bessere Manifest-Einstellung erarbeiten werden. Nun müssen Sie nur noch täglich positive Aktionen in mindestens einem dieser Bereiche unternehmen, um sich zu verbessern. Auf den folgenden Seiten finden Sie hilfreiche Strategien, Ideen und Antworten dazu.

Jeffrey Gitomers SCHLÜSSEL-Verhaltensweisen für Spitzenleistungen entsprechend des Sales-MANIFESTS

- Ja!-Einstellung
- Tiefer Glaube an sich selbst und an die Fähigkeit, anderen zu helfen
- Wert-Anbieter – fähig, einen fairen, profitablen Preis auszuhandeln
- Fähig, die eigene Botschaft zu übermitteln
- Authentisch, moralisch gefestigt, ehrlich, freundlich, glaubwürdig und vertrauenswürdig
- Reaktion in Nanosekunden
- Hält Versprechen
- Überzeugend, NICHT überredend und drängend

- Selbstsicher, NICHT aggressiv
- Zieht ein Geschäft vollständig durch, schließt es NICHT nur ab
- Bietet Qualität bei Produkt und Service
- Geschäfte sind völlig unkompliziert
- Untadeliger Ruf – andere sind bereit, sich für ihn zu verbürgen
- Legt Wert auf Beziehungen, NICHT auf Quoten, NICHT auf Transaktionen
- Hat und zeigt Charakter und Selbstvertrauen – Resilienz
- Sozial gewandt und wertvoll
- Kann Verbindungen eingehen und übernimmt persönlich Verantwortung
- Findet und trifft den Entscheider
- Hält jedes Versprechen ein – zuverlässig
- Vertrauenswürdig als Person und Lieferant
- Hat eine 4x-Pipeline – erzwingt nie einen »Abschluss am Monatsende«
- Sorgt aktiv dafür, dass man ihn weiterempfehlen kann
- Wird von der Mission angetrieben, NICHT von der Provision.

Manifest-Moment

Denken Sie an die Mission,
NICHT an die Provision.

Gerade haben Sie die SCHLÜSSEL-VERHALTENSWEISEN ANDERER Menschen betrachtet. Schauen wir nun, wie Sie sich selbst hinsichtlich dieser Verhaltensweisen einschätzen, die Sie meistern müssen, wenn Sie selbst MANIFEST-Fähigkeiten beweisen wollen.

So bearbeiten Sie den Test: Kreisen Sie die Zahl ein, die Ihrer gegenwärtigen Situation, Ihrem Gefühl oder Kenntnisstand entspricht.

(1 = wenig/schlecht, 2 = durchschnittlich, 3 = gut,
4 = sehr gut, 5 = am besten/meisten)

(1 = nie, 2 = selten, 3 = manchmal, 4 = häufig,
5 = immer/täglich)

☐ Ich habe eine »JA!-Einstellung«.   1 2 3 4 5

☐ Ich glaube fest an mich selbst und meine Fähigkeit, anderen zu helfen.   1 2 3 4 5

☐ Ich bin ein Wert-Anbieter. Ich kann einen fairen, profitablen Preis aushandeln.   1 2 3 4 5

☐ Ich kann meine Botschaft übermitteln.   1 2 3 4 5

☐ Ich bin authentisch, moralisch gefestigt, ehrlich, freundlich, glaubwürdig und vertrauenswürdig.   1 2 3 4 5

☐ Ich reagiere in einer Nanosekunde.   1 2 3 4 5

☐ Ich halte meine Versprechen.   1 2 3 4 5

☐ Ich bin überzeugend, aber NICHT überredend und drängend.   1 2 3 4 5

- Ich bin selbstsicher, aber NICHT aggressiv. **1 2 3 4 5**
- Ich wickle (auch nach dem Verkauf) alles vollständig ab und fasse NICHT nur nach. **1 2 3 4 5**
- Ich biete hohe Qualität bei Produkten und Dienstleistungen und ich liefere hervorragenden Service. **1 2 3 4 5**
- Mit mir und meiner Firma kann man leicht Geschäfte machen. **1 2 3 4 5**
- Ich habe einen untadeligen Ruf – andere sind bereit, sich für mich zu verbürgen. **1 2 3 4 5**
- Für mich sind Beziehungen das wichtigste, NICHT Quoten und NICHT Transaktionen. **1 2 3 4 5**
- Ich habe und zeige Charakter und Selbstvertrauen – ich bin resilient. **1 2 3 4 5**
- Mein sozialer Fußabdruck lässt andere leicht mit mir in Verbindung treten, er funktioniert gut und ist wertvoll. **1 2 3 4 5**
- Ich übernehme persönlich die Verantwortung für meine Aktionen. **1 2 3 4 5**
- Ich kann den Entscheider ausfindig machen und mich mit ihm treffen. **1 2 3 4 5**
- Ich bin zu 100 Prozent zuverlässig. **1 2 3 4 5**
- Die Leute vertrauen mir als Person und Lieferant. **1 2 3 4 5**
- Ich habe eine 4x-Pipeline zu meinem Vertriebsziel. Ich erzwinge niemals »Verkäufe zum Monatsende«. **1 2 3 4 5**

❐ Ich sorge aktiv dafür, dass andere mich
weiterempfehlen können.   1 2 3 4 5
❐ Mein Antrieb ist die Mission, NICHT die
Provision.   1 2 3 4 5

So können Sie den Test für sich persönlich nutzen

Es sind insgesamt 23 Aussagen zu den Schlüssel-Verhaltensweisen. Prüfen Sie noch einmal Ihre Antworten. Markieren Sie die Kästchen am linken Rand bei allen Fragen, in denen Sie 1, 2 oder 3 eingekreist haben. Das sind die Bereiche, in denen Sie noch schwach sind. Die markierten Kästchen werden zu Ihrem persönlichen Plan, mit dem Sie sich bessere Manifest-Aktionen antrainieren können, um erfolgreich zu werden. Nun müssen Sie nur noch täglich positive Aktionen in mindestens einem dieser Bereiche unternehmen, um sich zu verbessern. Auf den folgenden Seiten finden Sie hilfreiche Strategien, Ideen und Antworten dazu.

> Überlegen Sie zweimal, bevor Sie den Mund öffnen, denn Ihre Worte und Ihr Einfluss pflanzen ein Samenkorn in den Kopf Ihres Gegenübers – sei es für den Erfolg oder den Misserfolg.
>
> *Napoleon Hill*

Die Regeln des »Bevor«

Bevor Sie beginnen, stellen Sie Ihren Geist auf »JA« ein.
Bevor Sie präsentieren, bereiten Sie sich vor.
Bevor Sie verkaufen, glauben Sie daran.
Bevor Sie Wert schöpfen, geben Sie zunächst Wert.
Bevor Sie bitten oder fragen, geben Sie.
Bevor Sie erzählen, fragen Sie.
Bevor Sie antworten, denken Sie nach.
Bevor Sie drängen, ziehen Sie.
Bevor Sie prahlen, zeigen Sie Beweise.
Bevor Sie abschließen, öffnen Sie.
Bevor Sie nehmen, geben Sie.
Bevor Sie »wir« sagen, sprechen Sie erst einmal vom »Du«.

Jeffrey Gitomer

Mission 3

Manifest-Prinzipien

Prinzipien vor Richtlinien.
Jeffrey Gitomer
KING of SALES

Glück entsteht durch harte Arbeit!
Mel Green
MENTOR

Das »Nicht-System« und die »geheimen Regeln« des »Nicht-Verkaufens«

Jeffrey, gibt es ein System für den Verkauf?

Nein, aber es gibt ein *Nicht-System*.

Jeffrey, gibt es einen Weg für den Verkauf, der leichter ist als die anderen?

Ja, aber er erfordert harte Arbeit und Einsatz.

Jeffrey, jetzt wird es kompliziert. Ist er einfach oder schwer?

Er ist anfangs hart und dann leicht.

Jeffrey, also Mann, gib mir Antworten!

Es ist sehr fortgeschritten. Es braucht Zeit, bis man die Ergebnisse sieht.

Jeffrey, ich arbeite doch schon so hart, Mann. Ich bin bereit für den besseren Weg.

Er ist unkonventionell und geht allem, was »normal« ist, direkt gegen den Strich.

Jeffrey, ich sterbe hier.

Okay, aber es wird dir anfangs nicht gefallen, weil es nicht der Standard ist. Aufwärmen, erkunden, präsentieren, Einwände entkräften, abschließen, bestätigen, sich bedanken und gehen. So »erzielt man einen Abschluss«. *Menschen möchten nichts verkauft bekommen – aber sie lieben es, zu kaufen*™. Das ist ein »Nicht-System«. Es ist die Alternative zu einem Haufen manipulativer Taktiken – eine langfristige Sieger-Strategie. So bringt man die Leute dazu, dass sie kaufen wollen.

Dieses *Nicht-System* ist die wirkungsvollste, profitabelste, lukrativste Verkaufsstrategie, die je entwickelt wurde – und es hat mit Verkaufstaktik kaum etwas zu tun. Dafür dreht sich alles darum, eine Atmosphäre zu schaffen, in der die Menschen gern kaufen. Und nur damit das klar ist: Das ist nicht die Art, »wie man verkauft«, sondern die Art, wie ich verkaufe.

Und da ich selbst dieses »Nicht-System« erfunden habe, nenne ich es nach mir: Das Gitomer-»Nicht-System« des Verkaufs.

Hier sind die 2,5 Grundregeln zur Anwendung des Gitomer-»Nicht-Systems«:

1. Es muss mit der Zeit erlernt und gemeistert werden. ES IST KEINE SCHNELLE LÖSUNG. Es hilft Ihnen nicht, in diesem Monat Ihre Quote zu erreichen. ABER es wird Ihnen helfen, ein Leben lang Erfolg im Verkauf zu haben, Quoten inklusive. Ich verbessere es seit 25 Jahren.

2. Es setzt voraus, dass Sie an Ihr Unternehmen, Ihr Produkt, Ihren Service und sich selbst glauben. Wenn Ihnen dieser Glaube fehlt, verschwenden Sie mit den folgenden Informationen hier nur Ihre Zeit. Wenn Sie *daran glauben*, besteht die Chance, dass Sie die Atmosphäre so gestalten, dass dieser Glaube sich überträgt. Sie können eine Atmosphäre gestalten, in der Ihr Gegenüber KAUFEN möchte. Andernfalls ist es nur ein »Verkauf« und Sie werden um den »Preis« ringen müssen. Das wäre dann eine Transaktion. Mein »Nicht-System« beruht aber auf *Wert*.

2,5 Dieses Nicht-System setzt zudem voraus, dass Sie alles über Verkauf und Erfolg lernen möchten und dass Sie die Disziplin zum regelmäßigen Lernen besitzen. Aha, auch das noch.
WICHTIGER HINWEIS: Zur Disziplin zum regelmäßigen Lernen gehören keine Wiederholungen von *Eine schrecklich nette Familie* oder *Emergency Room*.

Versuchen Sie gerade, »nach System« zu verkaufen und es funktioniert nicht oder zumindest nicht in allen Situationen? Mein ganzes Verkäufer-Leben lang wurde ich mit »Sales-Systemen« zugemüllt. Und mein ganzes Verkäufer-Leben lang habe ich sie als Augenwischerei bekämpft – oder zumindest als manipulativ.

Es gibt kein System, dass immer funktioniert – ABER bestimmte Elemente eines Systems lassen sich immer anwenden. Ich sage hier NICHT, dass Sie sich nicht mit Systemen beschäftigen sollen – jegliches Wissen über Vertrieb ist wichtig. Ich sage, *dass Sie sich beim Verkaufen selbst treu bleiben sollen – und nicht dem System*. Mit diesem Gedanken schuf ich ein »Nicht-System« des Verkaufs.

Es ist nicht so, dass Systeme »falsch« wären – es ist eher so, dass sie nicht immer zur Situation »passen«. Der Verkäufer konzentriert sich dann oft auf die Abarbeitung des Systems, um den Verkauf abzuschließen, dabei sollte er sich auf den potenziellen Kunden konzentrieren.

Nun, nach dieser ganzen Vorrede sollte das Folgende möglichst gut sein. *Hier sind die 9,5 Schritte, mit denen Sie die Leute dazu bringen, dass sie kaufen wollen, erneut kaufen und auch anderen den Kauf empfehlen:*

1. Ihre Kunden müssen Sie kennen, schon bevor Sie sie besuchen. (Hinweis: Beim Verkauf kommt es nicht darauf an, wen Sie kennen. Es kommt darauf an, wer Sie kennt.)

2. Zuerst müssen Sie Wert bieten. (Hinweis: Sie finden Ihre Broschüre und Literatur vielleicht wertvoll, aber für den Kunden bieten sie wenig oder gar keinen Wert.)

3. Erzeugen Sie Anziehungskraft – und seien Sie anziehend. (Hinweis: Sorgen Sie durch Ihre Aktionen im Unternehmen, auf dem Markt und in Ihrer Gemeinde dafür, dass die Menschen Sie kennenlernen wollen.)

4. Bringen Sie die Leute (potenzielle Kunden) dazu, Sie anzurufen, zu Ihnen zu kommen oder Sie um ein erstes Treffen zu bitten. (Hinweis: Wert wirkt anziehend. Es geht hier nicht um Kaltakquise.)

5. Sorgen Sie dafür, dass die anderen Sie mögen, dass sie Ihnen glauben und Ihnen vertrauen. (Hinweis: Menschen kaufen von Personen, die sie mögen und denen sie vertrauen, aber als ERSTES müssen sie Sie mögen.)

6. Sorgen Sie dafür, dass zwischen Ihnen und Ihrer Konkurrenz ein wahrnehmbarer Unterschied besteht. (Hinweis: Erstellen Sie eine Liste der Dinge, die Sie sagen und tun, die GANZ SICHER anders als die Worte und Taten Ihrer Konkurrenten sind. Ist die Liste sehr kurz?)

7. Schaffen Sie eine Atmosphäre, in der der potenzielle Kunde kaufen will. (Hinweis: Stellen Sie überzeugende Fragen. Sorgen Sie dafür, dass Ihre Informationen wertvoll für den Kunden scheinen oder sind. Zeigen Sie dem potenziellen Kunden nicht, was Ihr Produkt kann oder wie es funktioniert, sondern zeigen Sie ihm, wie er es einsetzen und von ihm profitieren kann. Zeigen Sie ihm vor allen Dingen nicht nur, wie gut Sie sind.)

8. Bitten Sie ihn um den Auftrag. (Hinweis: Einer der wichtigsten Gründe, warum potenzielle Kunden nicht zuschlagen, ist, dass niemand sie dazu auffordert.)

9. Seien Sie so wertvoll und einprägsam, dass die Kunden immer wieder mehr wollen – und auch anderen von Ihnen erzählen. (Hinweis: Wie sprechen Ihre Kunden nach einem typischen Gespräch, Verkauf oder einer Transaktion über Sie?)

9,5 Messen Sie Ihren Erfolg an der Zahl der unaufgeforderten Weiterempfehlungen, die Sie erhalten. (Hinweis: Dies sind die Leads in Ihrem Arsenal, die mit der höchsten Wahrscheinlichkeit selbst Kunden werden.)

Ich biete Ihnen einen Deal: Ich liefere Ihnen weitere Erklärungen, wenn Sie dafür hart arbeiten. Das ist doch fair, oder? ...

SO ERHALTEN SIE DIE BESTEN ERGEBNISSE: Lesen Sie die Liste der Elemente zweimal durch. Betrachten Sie das Gesamtbild, damit Sie es verstehen. Betrachten Sie alle Elemente als Gesamtheit in diesem »Nicht-System«, aber meistern Sie eines nach dem anderen. Es folgen die Details dieser Prinzipien: *Die 9,5 Schritte, durch die Sie erreichen, dass die Leute kaufen wollen, immer wieder kaufen und auch anderen den Kauf empfehlen:*

1. Ihre Kunden müssen Sie kennen, schon bevor Sie sie besuchen. Die oberste Regel im Verkauf ist: *Beim Verkauf geht es nicht darum, wen Sie kennen. Es geht darum, wer Sie kennt.* Damit Sie erreichen, dass Ihr potenzieller Kunde Sie schon im Voraus kennt, müssen Sie sich drei Möglichkeiten überlegen, wie Sie sich zu einem wertvollen Teil seines Erfolges machen. Ihr Kunde hat vier Ziele: Er will seine Produkte verkaufen, dabei Gewinn machen, die Loyalität seiner Kunden und Mitarbeiter sichern und keine Probleme bekommen. Ihre Aufgabe ist es also, bestehende und potenzielle Kunden per E-Mail, Newsletter oder andere Veröffentlichungen (wie dieses Buch) oder auch durch öffentliche Vorträge mit wertvollen Informationen über diese vier Themen zu versorgen. Wenn Sie dieses erste und wichtigste Element beherrschen, werden Sie als »wertvolle Person« wahrgenommen, weil Sie Ihren Kunden wertvolle Informationen zur Verfügung gestellt haben. Hinweis zum Wert: Informationen über Ihre Person und Ihr Produkt haben für Ihren Kunden wenig oder gar keinen Wert.

2. Sie müssen zuerst Wert bieten. Für Sie selbst sind Ihre Broschüre und Ihre Literatur vielleicht wertvoll, aber für den potenziellen Kunden kaum oder gar nicht. Wenn Sie dem Kunden wertvolle Informationen bieten, bevor Sie Ihren Sales-Pitch starten, genießen Sie den entscheidenden Vorteil, dass er Ihnen zuhören wird. Indem Sie ihm zuerst und schon vor dem Sales-Pitch Wert bieten, verdienen Sie sich seinen Respekt, sodass er sich ebenso stark für die Informationen über Ihr Produkt interessieren wird. (Sehen Sie, ich sagte ja, dass der Anfang nicht leicht sein wird.)

3. Erzeugen Sie Anziehungskraft – und seien Sie anziehend. Sorgen Sie durch Ihre Aktionen im Unternehmen, auf dem Markt und in Ihrer Gemeinde dafür, dass die Menschen Sie kennenlernen wollen. Je mehr Wert Sie bieten, desto anziehender werden Sie. Je größer die Führungsrolle, die Sie übernehmen, desto attraktiver werden Sie. Das hat nichts mit Kleidung oder gar dem Auto zu tun, das Sie fahren. Anziehungskraft beruht nicht so sehr auf materiellen Dingen, sondern auf persönlichen Eigenschaften.

4. Bringen Sie die Leute (potenzielle Kunden) dazu, Sie anzurufen, zu Ihnen zu kommen oder Sie um ein erstes Treffen zu bitten. Wert wirkt anziehend. Kaltakquise verschreckt die Leute. Welche Informationen können Sie Ihrem Kunden bieten, die ihn dazu zwingen, Sie anzurufen, weil er mehr wissen will? Wenn Sie ihm beispielsweise Ihre Broschüre zusenden: Was an ihr veranlasst ihn, zusätzliche Informationen anzufordern? Wenn es darauf keine Antwort gibt, dann schicken Sie ihm die Broschüre nicht. Schicken Sie ihm drei Tipps, wie er seine Rentabilität steigern kann, und wenn er dann noch einen vierten Tipp haben möchte, wird er Sie anrufen oder eine E-Mail schicken.

5. Sorgen Sie dafür, dass die anderen Sie mögen, dass sie Ihnen glauben und Ihnen vertrauen. Die Menschen kaufen bei Personen ein, die sie mögen und denen sie vertrauen. Glaubwürdigkeit erwerben Sie durch eine Kombination aus Ihrem Glauben an sich selbst und der Verlässlichkeit Ihrer

Informationen. Die meisten Verkäufer machen den Fehler, eine Verkaufspräsentation vorzuführen. Aber wem glauben Sie eher? Dem Autoverkäufer oder Ihrem Nachbarn, der das Auto besitzt? Die gleiche Frage gilt für Ihre Kunden in den Verkaufssituationen. Denken Sie nur an die Menschen, mit denen Sie Geschäfte machen wollen. Und denken Sie dann an die Menschen, mit denen Sie schon seit Jahren Geschäfte machen. Weil Sie sich schon jahrelang kennen, fühlen sie sich wohl, wenn sie mit Ihnen Geschäfte machen. Den Menschen, die Sie mögen und die Ihnen vertrauen, können Sie am leichtesten und sichersten etwas verkaufen. Besser gesagt: Sie möchten bei Ihnen KAUFEN.

6. Sorgen Sie dafür, dass zwischen Ihnen und Ihrer Konkurrenz ein wahrnehmbarer Unterschied besteht.
Erstellen Sie eine Liste der Dinge, die Sie sagen und tun, die GANZ SICHER anders als die Worte und Taten Ihrer Konkurrenten sind. Ist die Liste sehr kurz? Die meisten potenziellen und bestehenden Kunden nehmen kaum Unterschiede zwischen Ihrem Produkt oder Ihrer Dienstleistung (Kopierer, Buchhaltungsdienst, Website-Entwickler) und dem/der Ihrer Konkurrenten wahr. Das oberste Ziel für eine Verkaufspräsentation ist, einen *wahrnehmbaren Unterschied* herauszuarbeiten. Ich würde Ihnen hier gern eine Lösung bieten, aber die Lösung liegt in dem Bild, das Sie jeden Morgen im Spiegel sehen: *Sie* sind der Unterschied und es ist Ihre oberste Pflicht, den Kunden diesen Unterschied spüren und sehen zu lassen. HINWEIS: Die Lösung steckt in Ihrem Wert und nicht in der Verkaufspräsentation.

7. Schaffen Sie eine Atmosphäre, in der der potenzielle Kunde kaufen will. Stellen Sie Fragen, die auf den Punkt gehen. Sorgen Sie dafür, dass Ihre Informationen wertvoll für ihn scheinen oder sind. Zeigen Sie dem potenziellen Kunden nicht, was Ihr Produkt kann oder wie es funktioniert, sondern zeigen Sie ihm, wie er es einsetzen und von ihm profitieren kann. Zeigen Sie ihm vor allen Dingen nicht nur, wie gut Sie sind. Fragen Sie sich: *Was bringt ihn dazu, zu kaufen?* Ist es nicht das Gefühl, dass das Risiko gering und der Wert hoch ist und dass er gerne kaufen würde? Ihr (potenzieller) Kunde möchte gern kaufen. (Gitomers Sales-Weisheit: *Menschen möchten nichts verkauft bekommen, aber sie lieben es, zu kaufen*™) Deshalb sollte Ihre Sales-Präsentation in eine neue Richtung gehen. In die umgekehrte Richtung, in der Ihre Kunden in Form von Zeugnissen für Sie sprechen – sodass Sie nicht mehr über sich selbst sprechen müssen. Das ist eine ganz neue Richtung.

8. Bitten Sie ihn um den Auftrag. Einer der wichtigsten Gründe, warum potenzielle Kunden nicht kaufen, ist, dass niemand sie dazu auffordert. Ganz egal, was in einer Verkaufssituation passiert – Ihre bewusste Absicht muss es sein, um den Auftrag zu bitten, bevor Sie wieder hinausgehen. Aus diesem Grund sind Sie durch die Tür getreten, abgesehen davon, dass Sie wertvolle Informationen bringen und dem Kunden bei seiner Kaufentscheidung behilflich sein wollten. Manchmal bitten Sie an dieser Stelle auch nicht explizit um den Auftrag, sondern zunächst um den nächsten Schritt im Verkaufszyklus, der dann zum Auftrag führt. Im Verkauf können Sie nie früh genug und auch nicht oft genug um den Zuschlag zum Kauf bitten.

9. Seien Sie so wertvoll und einprägsam, dass die Kunden immer wieder mehr wollen – und auch anderen von Ihnen erzählen. Wie sprechen Ihre Kunden nach einem typischen Gespräch, Verkauf oder einer Transaktion über Sie? Nimmt jemand den Hörer in die Hand und erzählt einem anderen von Ihrer Kreativität, von Ihren außergewöhnlichen Fähigkeiten oder davon, wie unglaublich toll Sie waren? Wenn die Antwort »nein« lautet, entgeht Ihnen das wertvollste Element, das nach jedem Verkauf folgen sollte: Die Mundpropaganda, durch die Sie unaufgefordert weiterempfohlen werden.

9,5 Messen Sie Ihren Erfolg an der Zahl der unaufgeforderten Weiterempfehlungen, die Sie erhalten.
Dies sind die Leads in Ihrem Arsenal, die mit der höchsten Wahrscheinlichkeit selbst Kunden werden. Wenn Sie ein Zeugnis für Ihre Fähigkeiten brauchen, sehen Sie sich einfach an, wie viele Leute Sie anrufen, weil sie Ihnen etwas abkaufen wollen. Wenn nämlich jeden Tag zehn Leute bei Ihnen etwas kaufen wollten, müssten Sie nie wieder verkaufen.

Okay, das ist es – das Gitomer-»Nicht-System« des Verkaufs. Wenn Sie diese Elemente meisterhaft beherrschen, wird das Verkaufen GANZ LEICHT. Das verspreche ich. Ich mache es seit Jahren so. Mit diesem »Nicht-System« können Sie hinausgehen (oder hereinkommen) und beinahe jedes Geschäft abschließen. Ich habe Ihnen hier gerade die geheime Formel verraten, mit der Sie JEDEM MENSCHEN etwas verkaufen können.

Die meisten Menschen scheuen die harte Arbeit, die erforderlich ist, damit das Verkaufen ganz leicht wird.

Jeffrey Gitomer
KING of SALES

52,5 Prinzipien des Manifest-Verkaufs

Beginnen Sie mit dem Kern Ihrer Verkaufs-Philosophie …

Meine besteht aus fünf Teilen … Ich biete als Erstes etwas von Wert, ich helfe anderen Menschen, ich strebe danach, bei dem, was ich so gern tue, immer mein BESTES zu geben, ich baue zu allen langfristige Beziehungen auf und ich habe Spaß daran … jeden Tag.

Wie lautet Ihre Philosophie? Haben Sie überhaupt eine? Schreiben Sie sie heute auf!

UND … Seien Sie sich bewusst, wer die wichtigste Person der Welt ist.

1. Die beiden wichtigsten Wörter im Verkauf – »Sie« und »Warum«. Das Erste, was der Kunde kauft, sind Sie – das Zweite, was er wissen will, ist: »Warum sollte ich Ihnen etwas abkaufen?«

2. Sie müssen wissen, »warum Sie verkaufen« – erkennen Sie zuerst Ihr eigenes *Warum*. Ihr »Warum« (der wahre Grund, aus dem Sie nach Erfolg streben) baut Ihre innerlichen Überzeugungen auf. Wenn das »Warum« klar ist, ist alles klar. Bevor Sie auf andere einwirken und sie beeinflussen können, müssen Sie sich selbst kennen. Damit Sie für andere möglichst gut sein können, müssen Sie als Erstes so gut wie möglich für sich selbst sein.

3. Wenn Sie zu Ihrem wahren »Warum« kommen wollen, müssen Sie vielleicht vier oder fünf Ebenen tief graben. Aber wenn Sie dort ankommen, dann können Sie verkaufen (und den roten Knopf finden). Hier ein Beispiel …

Warum sind Sie im Vertrieb? – Ich bin im Vertrieb, weil ich mehr Geld verdienen will.

Warum? – Ich brauche mehr Geld, um meine Familie zu erhalten.

Warum? – Zwei meiner Kinder gehen in den nächsten zwei Jahren aufs College und ich will, dass sie die Hochschule nach ihrer Qualität auswählen können und nicht auf die Gebühren achten müssen.

Warum? – Meine Eltern konnten es sich nicht leisten, mich aufs College zu schicken.

Aha! Das ist mein tiefstes *Warum*. Sie werden nie zu wahrer Größe (Manifest-Größe) gelangen, solange Sie Ihr tiefstes *Warum* nicht gefunden haben. – Und solange Sie nicht bereit sind, dafür zu arbeiten.

4. Der Verkauf findet in Ihrem Kopf statt. Die Einstellung, mit der Sie an den Verkauf herangehen, bestimmt das Ergebnis stärker als jedes andere Element des Verkaufsprozesses. Der Verkauf ist in Ihrem Kopf, SCHON LANGE BEVOR er in Ihrem Geldbeutel ankommt.

5. Entwickeln Sie ein fünfteiliges Glaubens-System, das nicht zu erschüttern ist. Glauben Sie an Ihre Firma. Glauben Sie an Ihr Produkt. Glauben Sie an sich selbst. Glauben Sie daran, dass Sie sich VON Ihrer Konkurrenz DIFFERENZIEREN können, und glauben Sie daran, dass der Kunde besser dran ist, wenn er bei Ihnen kauft.

6. Werden Sie wertvoll, indem Sie als Erstes einen Wert geben. Sorgen Sie dafür, dass der potenzielle Kunde mehr Wert in und an Ihnen erkennt, als nur Ihre Qualität und Ihren Service. Ich praktiziere das Geben von Wert und das Posten von wertvollen Botschaften seit 25 Jahren. Bisher funktioniert es und mein Telefon läutet die ganze Zeit.

7. Entwickeln Sie eine egoistische Einstellung dazu, dass Sie der Beste sind. Wenn Sie für sich selbst nicht der Bestmögliche sind, werden Sie auch bei Ihrem Dienst an anderen nicht der Bestmögliche sein. Jubeln Sie nicht Sportlern zu, sondern nur sich selbst. Sie verdienen es.

8. Seien Sie Ihr eigener Weihnachtsmann. Schenken Sie sich selbst schöne Dinge und Spielzeug. Schenken Sie sich alles, was Sie wollen. Die meisten von uns erhalten an Weihnachten nicht das, was wir uns wünschen – außer, wir sagen es vorher jemandem oder – wenn Sie so sind wie ich – wir kaufen es uns selbst. Für mich ist jeden Tag Weihnachten – und wissen Sie warum? Ich verdiene es.

9. Sie müssen wissen, »was Sie verkaufen«, und zwar aus der Sicht des Kunden – nicht aus Ihrer eigenen Sicht. Die Leute interessiert es nicht, was Sie tun, es sei denn, es nützt ihnen. Die Art, wie Sie Ihr Geschäft und Ihr Produkt vorstellen, entscheidet darüber, ob der Kunde ein Kaufinteresse entwickelt – also stellen Sie es aus seiner Perspektive vor und nicht aus Ihrer eigenen.

10. Verkaufen Sie so, als säße Ihnen Ihr eigener Sohn oder Ihre Tochter gegenüber. Geben Sie gute Ratschläge, helfen Sie dem Kunden, mit dem Produkt richtig umzugehen, erklären Sie ihm alle Vorteile. Beschützen Sie ihn.

11. Seien Sie sich Ihrer Wettbewerbsvorteil(e) bewusst – fragen Sie Ihre Kunden danach. Hier ist die Definition von Wettbewerbsvorteil: Eine Sache, die für Ihre Kunden extrem wichtig ist und die Sie hervorragend beherrschen. (Wettbewerbsvorteil hat nichts mit ihren Wettbewerbern zu tun.)

Meine Wettbewerbsvorteile sind Wert und Substanz – machen Sie sich diese ebenfalls zu eigen.

12. Die Menschen haben ihre eigenen Gründe für einen Kauf, die sich oft nicht mit Ihren decken. Finden Sie zuerst ihre Gründe heraus. Die Erforschung des »Warums« des Kunden ist die Grundlage zur Erforschung seiner wahren Bedürfnisse.

13. Wenn Sie die falschen Fragen stellen, erhalten Sie die falschen Antworten. Ihre Art der Fragestellung bestimmt Ihre Art des Verkaufs. Schleifen und verfeinern Sie Ihre Art von Woche zu Woche, bis sich die Wirkung in einer zunehmenden Zahl von Abschlüssen zeigt.

14. Entwickeln und stellen Sie Fragen, die den Kunden dazu bringen, über sich selbst nachzudenken und aus Ihrer Sicht zu antworten. Bringen Sie ihn dazu, neue Informationen zu überdenken. Bringen Sie ihn dazu, dass er Ihnen in seinen Antworten Informationen über sich liefert, ebenso wie Informationen darüber, wie er Ihr Produkt oder Ihre Dienstleistung einsetzen will.

15. Verwandeln Sie sich vom Verkäufer in eine Ressource. Werden Sie wertvoll. Je mehr Wert Sie in die Waagschale werfen können, desto höherrangige Personen können Sie in der Organisation treffen.

16. Nutzen Sie das Prinzip der »interessierten Zuwendung«. Erregen Sie das Interesse des Kunden. Er muss wissen wollen, was Sie zu sagen haben.

Lassen Sie den Hund hinter Ihnen herlaufen.

17. Beginnen Sie auf höherer Ebene, als Sie sich eigentlich zutrauen. Der Vorstandsvorsitzende des Unternehmens weiß immer, wie Entscheidungen getroffen werden und wer sie trifft. Warum sollten Sie weiter unten anfragen?

18. Ihre Beobachtungsfähigkeit ist ebenso wirkungsvoll wie Ihre verkäuferischen Fähigkeiten. Die Hälfte aller Antworten liegt offen vor Ihnen ... wenn Sie hinsehen.

19. Sorgen Sie durch Verkaufsförderung dafür, dass Ihr Telefon klingelt. Werbung funktioniert nicht –

Verkaufsförderung dagegen schon. Werden Sie weithin sichtbar und bekannt als eine Person, die großen Wert besitzt.

- Ich mache nicht zuerst Werbung – ich mache Promotion. Ich verkaufe auch nicht zuerst, sondern ich mache zuerst Promotion.
- Ich sorge dafür, dass qualifizierte potenzielle Kunden bei mir anrufen – und dann verkaufe ich.

BEISPIEL: Ich erstelle Artikel und Newsletter, in denen ich über Kunden berichte und sie zu Wort kommen lasse, damit diese die Artikel dann mit anderen potenziellen Kunden teilen oder an sie weiterleiten können. Ich halte Vorträge und Seminare auf Messen.

HINWEIS: Messestände dienen der Werbung. Vorträge und Seminare auf Messen dienen dagegen der Verkaufsförderung – und außerdem zeigen Sie Führungsstärke, ohne dass Sie explizit sagen müssen: »Ich bin eine Führungspersönlichkeit.«

20. Sie müssen ebenso gut zuhören können wie verkaufen. Durch Zuhören eröffnet sich Ihnen ein breiterer Zugang zum Verkauf als durch Sprechen. Hören Sie zu und versuchen Sie zu verstehen. Schreiben Sie sich die Antworten der potenziellen Kunden auf.

21. Bringen Sie den Kunden dazu, dass er sich auf Ihren Besuch vorbereitet. Bitten Sie ihn, Ihnen in einer E-Mail seine Bedürfnisse zu schildern. Bringen Sie ihn dazu, dass er den Konferenzraum vorbereitet oder einen weiteren Entscheider hinzuzieht. Wenn der potenzielle Kunde diese Vorbereitungen auf sich nimmt, heißt das, dass er interessiert ist.

22. Machen Sie die Kunden zu den Helden Ihres Unternehmens. Erklären Sie das Konzept der Newsletter ausführlich. Publizieren Sie die Leute.

23. Für Sie ist es vielleicht das 10 000. Mal, aber für den potenziellen Kunden ist es das erste Mal. Verkaufen Sie jeden Tag mit derselben Begeisterung, die Sie an Ihrem ersten Tag hatten. Geben Sie dem Kunden alle Informationen, die er braucht, und nicht nur die, die Sie für nötig halten.

24. Kundentypen sind nicht so wichtig wie ihre Eigenschaften und Interessen. Wenn Sie 15 Minuten darauf verschwenden, herauszufinden, welcher »Typ« Ihr Gegenüber wohl sein mag, ich aber 15 Minuten damit verbringe, eine gemeinsame Basis und die »Verbindung« zwischen ihm und mir zu etablieren, werde ich 74 Prozent häufiger den Zuschlag bekommen als Sie – und mir ist egal, welcher »Typ« er war.

25. Seien Sie sich bewusst, wessen Fehler es ist, wenn der Verkauf nicht zustande kam. Wenn die anderen nicht zurückrufen, wessen Fehler ist es? Wenn sie sich für einen Wettbewerber entscheiden, wessen Schuld ist das? *Ihre* – Sie konnten den Kunden nicht dazu bringen, sich Ihnen interessiert zuzuwenden. Machen Sie sich deswegen keine *Vorwürfe* – aber übernehmen Sie die *Verantwortung*.

26. Tun Sie immer mehr als das, wofür Sie bezahlt werden. Werden Sie wertvoll. Werden Sie zu einer Ressource für Ihre Firma, Ihre Kollegen und Ihre Kunden. Investieren Sie in sich selbst, dann werden andere Ihnen Dividenden dafür bezahlen. Lebenslange Dividenden.

27. Kennen Sie Ihre Erfolgsformel in Zahlen – leben Sie danach. Arbeiten Sie sich rückwärts vor.

28. Gleichen Sie durch Zahlen aus, was Ihnen an Fähigkeiten noch fehlt (während Sie lernen). Schlagen Sie sich über Fehlschläge bis an die Spitze durch, indem Sie Zahlen mit lebenslangem Lernen zu einer Synergie verbinden.

Sobald Sie wissen, wie viele »Nein« Sie einstecken müssen, um ein »Ja« zu erhalten – stecken Sie mehr »Nein« ein!

29. Bringen Sie die Chuzpe auf, an der Schlange vorbeizugehen – riskieren Sie etwas. Kennt hier jemand die Definition von Chuzpe? Chuzpe lässt sich ungefähr ins Deutsche übertragen mit »Vorwitzigkeit«.

30. Verkaufen Sie zugunsten der Beziehung, nicht für die Provision. Wenn Sie einen Abschluss erzielen, können Sie eine Provision verdienen. Wenn Sie einen Freund gewinnen, können Sie ein Vermögen verdienen. Im Verkauf machen Sie kein Geld – Sie verdienen es.

31. Was Sie Ihrem Nächsten tun, kommt zehnfach zu Ihnen zurück. Behandeln Sie andere unter keinen Umständen schlecht oder unehrlich. Befolgen Sie die Goldene Regel Nummer Eins und Nummer Zwei.

32. Der Kleine wird irgendwann der Große sein. Behandeln Sie ihn ab dem ersten Tag auf diese Weise. Alle Kunden sind gleich.

33. Melken Sie zuerst die eigenen Kühe. Maximieren Sie die Geschäfte, die Sie bereits haben, streben Sie nach internen Weiterempfehlungen. Betreiben Sie Networking unter Ihren Kunden, um an deren Kollegen heranzukommen.

34. Ein Zeugnis ist so viel wert wie 100 Sales-Pitches. Zeugnisse sind echte Beweise dafür, wer Sie sind und was Sie leisten.

35. Zeugnisbriefe überwinden Einwände eine Million Mal effektiver als der beste Verkäufer der Welt. Welchen besseren Beweis könnten Sie haben? Welche bessere Antwort könnten Sie geben?

Verschaffen Sie sich die richtigen Zeugnisse. Gehen Sie einfach hinein und sagen Sie: »Hier. Lesen Sie das.«

36. Es ist kein Geben und Nehmen. Es ist Geben und Geben. Was geben Sie? Wie verhelfen Sie Ihren Kunden zu mehr Wachstum? Verschaffen Sie ihnen neue Geschäfte, um sich Ihre Geschäfte zu verdienen.

37. Nutzen Sie das Prinzip von Hartnäckigkeit und Widerstand. Gegensätze ziehen sich an. Wenn die Kunden Sie brauchen, müssen sie so lange hartnäckig bleiben, bis sie Sie kaufen.

Wann würden Sie zum Zahnarzt gehen, wenn er nicht so hartnäckig wäre?

38. Rufen Sie in der Vertriebsabteilung des Kunden an – und beschaffen Sie sich alle Informationen der Welt.

Vertriebsleute wissen ALLES über JEDEN und sie werden einem Vertriebskollegen sicher gern Informationen geben.

39. Nutzen Sie die technischen Geräte oder Sie verlieren und jemand gewinnt, der es tut. Smartphone. Laptop. Tablet. Social Media. Blog. Podcast.

Wenn Ihr wichtigster Kunde Sie jetzt, in diesem Augenblick, kontaktieren wollte, wie würden Sie davon erfahren und wie schnell würden Sie zurückrufen? Was wäre, wenn er gleichzeitig Ihren größten Wettbewerber anrufen würde?

40. Stellen Sie sich an 40 Prozent Ihres Tages vor Leute, die ja sagen können. Sie brauchen keinen Kurs in Zeitmanagement, Sie brauchen nur eine Stoppuhr. Das nennt man Zeitmanagement mit Stoppuhr. Verdoppeln Sie Ihre Verkäufe dadurch, dass Sie sich doppelt so häufig mit Entscheidern treffen als bisher.

41. Planen Sie Ihre kommenden fünf Jahre, während andere schlafen oder an nichts denken. Wenn Sie schon fünf Jahre im Job sind, müssen Sie fünf Jahre in die Zukunft denken – Sie müssen für diese kommenden Jahre planen und dementsprechend verkaufen. Nutzen Sie die Synergien zwischen langfristigen Plänen und kurzfristigen Quoten und Ihren »guten Monaten«.

Wenn Sie richtig planen (und richtig Promotion betreiben), werden bald alle Monate »GROSSARTIG« sein.

Stehen Sie vor allen anderen auf. Planen Sie, während andere Nachrichten schauen.

Überarbeiten oder ändern Sie Ihren Plan alle 30 Tage.

42. Wenn die Regeln, an die Sie sich halten müssen, für Sie nicht funktionieren, dann suchen Sie sich einen anderen Arbeitsplatz. Oder suchen Sie nach einer Möglichkeit, wie Sie die Regeln befolgen können, ohne dass sich Ihre Einstellung verändert und Sie alles nur noch ankotzt.

43. Fragen Sie andere oft nach ihrer Meinung. Fragen Sie Menschen, die Sie respektieren (und die keine offenen Rechnungen mit Ihnen haben). Fragen Sie auch die Person, der Sie etwas verkaufen wollen. So lernen Sie nicht nur die Sichtweise des Kunden kennen (die einzige, die zählt), sondern fühlen auch auf intelligente Weise vor, ob er zum Abschluss bereit ist.

44. Ein fitter Körper führt zu einem fitten Geist. Führt zu mehr Verkäufen. Erleichtern Sie Ihre Last. Treiben Sie täglich Sport. Essen Sie weniger ungesundes Zeug. Trinken Sie Wasser.

45. Bei allem, was Sie zu sagen haben ... weniger ist mehr.

46. Das Erkennen von Gelegenheiten differenziert Sie von allen anderen. Gelegenheiten zeigen sich oft auch in Form von Widrigkeiten.

47. Ihre Einstellung zeigt Ihnen die Gelegenheiten. Oder auch nicht. Und sie bestimmt auch, ob Sie von ihnen profitieren können oder nicht.

48. Wenn Sie siebenmal ein »Nein« einstecken, führt Sie das zu einem JA!

49. Selbstgefälligkeit verursacht mehr Fehlschläge als Unfähigkeit. Je besser Sie als Verkäufer werden, desto stärker müssen Sie sich selbst dazu antreiben, immer besser zu sein (und zu werden). Je erfolgreicher Sie werden, desto genauer müssen Sie den Erfolg untersuchen und sich zu noch größeren Erfolgen antreiben. Sonst werden Sie alles, was Sie haben, an jemanden verlieren, der hungriger ist als Sie. Eine Schildkröte. Es kommt nicht darauf an, was Sie sagen, sondern darauf, was Sie tun. Mann, wenn wir daraus ein Gesetz für Politiker machen könnten!

50. Sie verdienen es. Verkaufen Sie sich niemals zu billig. Holen Sie sich das, was Sie brauchen, um sich GROSSARTIG zu fühlen. Sie sind der Größte, wenn Sie das von sich denken.

51. Nutzen Sie die Macht. Ihr Unterbewusstsein lässt Sie alle Situationen meistern – wenn Sie daran glauben. Hey – in *Star Wars* funktioniert es, oder? Ein schlagendes Argument.

52. Damit Sie den winzigen MANIFEST-Vorsprung entwickeln, befolgen Sie ALLE diese Prinzipien mit den folgenden, leicht verständlichen und leicht umzusetzenden Axiomen ...

- Denken Sie an das folgende Mantra und leben Sie danach: **Verantwortung übernehmen. Schuldzuweisungen beenden.**
- Einfache Selbstdisziplin, die immer wiederholt wird, führt zum Erfolg.
- Erwachen Sie zu den 5 Disziplinen: Lesen. Schreiben. Vorbereiten. Denken. Erschaffen.
- Kleine Urteilsfehler, die immer wiederholt werden, führen zum Misserfolg.
- Eine Zigarette. Ein Drink. Eine Fernsehshow. Eine Schuldzuweisung.

52,5 Meisterverkäufer wird man nicht an einem Tag. *Sie werden großartig, wenn Sie jeden Tag tätig werden.* Was haben Sie heute Großartiges geleistet?

Verkäufer wissen bereits alles ...
Das Problem ist, dass sie es nicht umsetzen.
»Umsetzen« verschafft Ihnen einen Vorsprung vor den Menschen, die nur »wissen«.

Jeffrey Gitomer
KING of SALES

Die Menschen haben ihre eigenen Gründe für einen Kauf ... nicht Ihre Gründe. Wenn Sie zuerst ihre Gründe herausfinden, werden sie wesentlich wahrscheinlicher KAUFEN.

(Hinweis: Lenken Sie das Gespräch und finden Sie die Gründe der anderen heraus, indem Sie Fragen stellen.)

> **»QUALIFIZIEREN« Sie niemanden. HABEN SIE die Menschen einfach GERN.**
>
> — *Jeffrey Gitomer*
> **KING of SALES**

Werden Sie ein Meister des »Manifest-Social-Selling«

Elemente und Ideen zur Ausarbeitung einer »Nationalen Agenda«.

- Anziehen, einbeziehen, verbinden, verkaufen & liefern – Social Selling erlaubt dies alles und noch mehr.
- Netzwerke zu pflegen ist sozial – LinkedIn und Facebook. Sie tun es privat schon lange, also tun Sie es auch für das Geschäft.
- Ziehen Sie mit wertvollen Botschaften Follower an und halten Sie sie mit wertvollen Botschaften bei der Stange.
- Facebook, YouTube und Instagram bieten alle die Möglichkeit, live zu senden. *Live Is the New Black.*
- Podcasts sind noch besser als Live-Sendungen.
- Sprechen Sie Ihr Publikum mit gut platzierten, günstigen Werbespots an.

Mindestzahlen für den Erfolg in den sozialen Netzwerken
1000 Facebook-Likes
500 Twitter-Follower
501 LinkedIn-Verbindungen
25 YouTube-Videos
Wertvolle E-Mail-Botschaften
Wöchentlicher Podcast

Anziehen – einbinden – verbinden – verkaufen – halten

Das Internet ist für den Verkauf der fruchtbarste Boden, den es gibt. Pflanzen Sie also WERTVOLLE Samen und ernten Sie Anziehung, einen guten Ruf, Verkäufe und Loyalität. Sozial ist keine Option mehr – es ist ein MUSS.

DIE DEFINITION DES SOCIAL SELLING – Es ist Ihre Fähigkeit, andere anzuziehen und sie davon zu überzeugen, dass Sie die beste Wahl sind.

SOZIALE PLATTFORM – Sie MÜSSEN in allen Formaten aktiv sein. Sie MÜSSEN in allen Medien regelmäßig posten.

WERTVOLLE POSTINGS – Das Schlüsselwort für Ihre Postings lautet: WERT FÜR DEN LESER.

IHR RUF INNERHALB UND AUSSERHALB DES INTERNETS – Ihre Postings und die Postings anderer Leute über Sie bestimmen Ihren Ruf fürs Leben.

UNVERZICHTBARKEIT SOZIALER ZEUGNISSE – Beweise und Zeugnisse bilden die Grundlage für Ihren Absatz und Ihren guten Ruf.

VIDEO-BEWEISE – Video ist noch besser als Text. Mehr gibt es dazu nicht zu sagen.

UNAUFGEFORDERTE ONLINE-EMPFEHLUNGEN – Wert nach außen bringt Anrufe herein.

Besuchen Sie meine Website und holen Sie sich mein kostenloses **RETWEETABLES EBOOK**. Geben Sie dazu folgenden Link in Ihren Browser ein: buygitomer.com/products/retweetables

Ihr Kunde will nicht mit einem Niemand Geschäfte machen, sondern mit einem Jemand.

Jeffrey Gitomer
KING of SALES

12,5 Fähigkeiten, die jeder Manifest-Verkäufer beherrschen muss

1. Eine konsequente JA!-Einstellung
2. Tiefer Glaube
3. Das feste Wissen, dass er Wert bieten muss
   a. anderen Wert, NICHT vergleichbaren Wert
   b. wahrgenommenen Wert, NICHT Mehrwert
4. Anziehungskraft und die Fähigkeit, andere einzubinden und soziale Verbindungen (im Internet und persönlich) zu pflegen
5. Eine eigene soziale Plattform, einen guten Ruf und gute Suchresultate in Google
6. Fähigkeit, emotionale Fragen zu stellen
7. Dynamische Präsentationsfähigkeiten
8. Fähigkeit, Botschaften zu vermitteln
9. Ein von Herzen kommender Service
10. Die wirkungsvollsten Strategien, mit denen man sich Verkäufe verdient (abschließt)

11. Den echten Wunsch, eine Freundschaft und Beziehung aufzubauen

12. Die Kenntnis des Unterschieds zwischen Schuldzuweisung und Verantwortung

12,5 Die Kenntnis des Unterschieds zwischen Reden, Fragen und Verdienen

DAS SUBTILE GEHEIMNIS: Konzentrieren Sie sich nicht auf den Verkauf, sondern darauf, dem Kunden zu helfen.

Mission 4

Manifest-Strategien

Loyalität erhält man am besten dadurch, dass man selbst loyal ist.
Weiterempfehlungen erhält man am besten dadurch, dass man selbst andere weiterempfiehlt.
Vertrauen erhält man am ehesten dadurch, dass man selbst Vertrauen schenkt.

Jeffrey Gitomer
KING of SALES

Wenn Sie nicht eine halbe Stunde zu früh kommen, sind Sie zu spät dran!

Earl Pertnoy
MENTOR

Sind Sie herausragend auf *Ihrem* Fachgebiet?

Sie können im Feld mitlaufen – oder Sie können das Feld anführen.

Was ist wohl besser? Was meinen Sie? – Natürlich das Anführen. Und wo sind Sie? Ähm, naja. Im Feld.

Und einige von Ihnen sagen wahrscheinlich: »Oh, Jeffrey. Ich könnte nie das Feld anführen. Ich bin doch nur ein Vertriebsmitarbeiter.« Und genau da liegen Sie falsch.

Die meisten Führungskräfte fangen ganz unten an. Jeder Schach-Großmeister war einmal ein Anfänger. Großartige Ballspieler fingen im Kinder-Sportverein oder in der E-Liga an. So wie Sie.

Wie gelingt der Aufstieg? Darauf gibt es keine einfache Antwort – aber es lohnt sich, darüber nachzudenken. Und es gibt tolle Neuigkeiten: Der Anführer muss nicht immer der Größte sein. Er muss nicht einmal unbedingt der Beste sein. Sie müssen nur als Anführer *wahrgenommen* werden – von Ihren Kunden und anderen Kollegen.

Außerdem müssen Sie nicht die ganze Welt führen, sondern nur eine *Führungsposition* etablieren. Sie müssen nur als jemand *wahrgenommen* werden, der seiner Konkurrenz ein Quäntchen voraus ist. Das kommt Ihnen doch gleich wesentlich leichter erreichbar vor, nicht wahr?

Aber dann bleibt noch die Frage: »Warum sollte ich oder warum muss ich unbedingt ein Anführer sein?« Die Antwort liegt im

Geld – Anführern fällt es wesentlich leichter, Aufträge anzuziehen, und sie werden gerufen, wenn es Probleme gibt. Die Antwort liegt auch in der Macht – Anführer dienen als Informationsquelle und als Quelle für Einfluss.

Jeder im Feld kennt den Anführer – aber nicht jeder kennt den Verkäufer – und im Verkauf gilt eine kaum bekannte Wahrheit, die für Ihren Erfolg entscheidend sein kann: (Wie bereits weiter oben gesagt) **Im Verkauf geht es nicht darum, wen Sie kennen. Es geht darum, wer Sie kennt.**

Es folgen nun 11,5 Elemente, die Ihnen helfen, in Ihrem Bereich führend zu werden:

1. **Lesen Sie in alten Quellen über Ihr Fachgebiet nach.** Sie sollten die Geschichte Ihres Fachgebiets kennen und wissen, welche Personen es beeinflusst haben. Sie müssen dies täglich 15 Minuten lang lernen.

2. **Erfahren Sie, was neu ist, und zwar jetzt.** Sie müssen Ihre aktuelle Situation und Position genau kennen.

3. **Erfahren Sie, was als Nächstes kommt.** Besorgen Sie sich immer die neusten Informationen über Ihren Markt. Das bedeutet, dass Sie Netzwerkverbindungen auf hoher Ebene knüpfen und die richtigen Kontakte haben müssen.

4. **Folgen Sie den »Experten« und versuchen Sie, sie zu übertreffen.** Wenn Sie sehen, was andere geleistet haben, überlegen Sie, wie Sie es verbessern (nicht kritisieren) können.

5. **Schreiben Sie darüber.** Schreiben zwingt Sie dazu, ein Trendsetter zu werden. Dann werden Sie auch als (gut positionierter) Anführer angesehen.

6. **Halten Sie öffentliche Vorträge.** Legen Sie sich ein Fachgebiet zu und stellen Sie sich vor eine Gruppe einflussreicher Leute. Beeindrucken Sie sie.

7. **Studieren Sie Kreativität.** Diese Wissenschaft muss im 21. Jahrhundert jeder beherrschen. Kreativität ist vielleicht das Einzige, was Sie vom Gewöhnlichen – und von den anderen – unterscheidet.

8. **Suchen Sie die Freundschaft einflussreicher Personen.** Verschaffen Sie sich einen gewissen Bekanntheitsgrad als wertvolle Person, denn dann wird es Ihnen leicht fallen, hochrangige Freunde zu finden.

9. **Sie brauchen einen oder zwei große Persönlichkeiten oder Kunden, die Sie lieben.** Sie brauchen unterstützende Fans, die hinter Ihrem Rücken Ihr Loblied verbreiten und Sie weiter voranbringen.

10. **Geben Sie als Erstes etwas von Wert.** Dieses Element könnte auch ganz oben in der Liste stehen. Erwerben Sie sich den Ruf einer Person, die mehr gibt als nimmt.

11. **Studieren Sie die Wissenschaft der Positionierung.** Erfinden Sie Möglichkeiten, wie Sie noch bekannter werden können. Verbessern Sie die Methoden, wie Sie Ihren Kunden und Ihrem Markt voraus bleiben.

11,5 **Suchen Sie sich einen Mentor und verdienen Sie sich seine Aufmerksamkeit. Sie wollen ein Anführer werden? Dann lernen Sie von anderen Anführern.**

Sie müssen der Reihe nach in jedem dieser Elemente die Meisterschaft erlangen. Anführer wird man nicht an einem Tag – Anführer wird man nur Tag für Tag.

Ach, zwei Kleinigkeiten noch: Sie müssen daran glauben, dass Sie es können. Und Sie müssen Ihre Ziele leidenschaftlich verfolgen.

Wow! Das ist viel verlangt – aber deshalb gibt es ja auch so wenig Anführer. Es ist harte Arbeit. Seit ich den Erfolg im Verkauf studiere, verblüfft mich die folgende Erkenntnis am allermeisten: Die meisten Verkäufer scheuen die (anfangs) harte Arbeit, die erforderlich ist, damit das Verkaufen ganz leicht wird. Wenn Sie in der Position eines Anführers angekommen sind, wird das Verkaufen wesentlich leichter – und macht auch viel mehr Spaß.

Gerade habe ich die erste Aufzeichnung der berühmten Serie *Lead the Field – Übernehmen Sie die Führung* von Earl Nightingale zu Ende gehört. Sie wurde ursprünglich in den 1960er-Jahren auf 33er-Langspielplatten herausgegeben. Earl Nightingale war einer meiner Mentoren, obwohl er das nie wusste. Seine Schallplatten und Cassetten offenbarten mir, dass ich alles erreichen konnte, wenn ich nur fest daran glaubte und mich dafür anstrengte. Seine Botschaft ist heute immer noch so zeitgemäß und wahr wie damals.

Hier sind ein paar Weisheiten von Earl Nightingale, die Ihren Willen zur Dominanz befeuern sollen!

1. **Erfolg ist die schrittweise Verwirklichung eines lohnenden Ziels oder Ideals.**
2. **Menschen, die Ziele haben, sind erfolgreich, weil sie wissen, wohin sie gehen.**

3. Alles, was wir in unser Unterbewusstsein pflanzen und dort durch Wiederholung und Gefühl hegen und nähren, wird eines Tages Wirklichkeit.

4. Sie brauchen nur einen Plan, die Straßenkarte und den Mut, immer weiter zu gehen, bis Sie am Ziel sind.

5. Je intensiver wir für eine Idee oder ein Ziel fühlen, desto sicherer wird diese Idee, die tief im Unterbewusstsein vergraben ist, uns in die richtige Richtung führen, bis sie verwirklicht ist.

6. Stellen Sie sich bildlich vor, dass Sie das Ziel bereits erreicht haben. Sehen Sie sich selbst dabei zu, wie Sie die Dinge tun, die Sie nach Erreichen des Ziels tun wollen.

7. Es gibt einen Zeitpunkt der Entscheidung: Entweder Sie riskieren alles, um Ihre Träume zu verwirklichen, oder Sie bleiben für den Rest Ihre Lebens im Hinterhof sitzen.

8. Die Menschen sind da, wo sie sind, weil das genau der Ort ist, an dem sie in Wirklichkeit sein wollen – ob sie es zugeben oder nicht.

9. Wir tappen alle im Dunkeln und jeder von uns muss lernen, sein eigenes Licht anzuknipsen.

10. In unserer Gesellschaft ist das Gegenteil von Mut nicht Feigheit, ... sondern Konformität.

11. Halten Sie sich nicht mit dem Geld auf. Dienen Sie ... bauen Sie ... arbeiten Sie ... träumen Sie ... erschaffen Sie! Wenn Sie das tun, werden Sie feststellen, dass der Reichtum und die Fülle, die zu Ihnen kommen, keine Grenzen haben.

12. Suchen Sie sich eine Tätigkeit, für die Sie ein tiefes, persönliches Interesse empfinden, etwas, an dem Sie gerne zwölf bis fünfzehn Stunden täglich arbeiten und über das Sie die restliche Zeit auch gerne nachdenken.

13. Eine großartige Einstellung knipst in unserer Welt nicht nur das Licht an. Sie stellt auf magische Weise eine Verbindung zu allen möglichen, glücklichen Gelegenheiten her, die vor der Veränderung irgendwie nicht existierten.

14. Arbeit hat noch nie jemanden umgebracht. Die Sorge richtet dagegen großen Schaden an. Und die Sorge würde verschwinden, wenn wir uns einfach hinsetzen und die Arbeit erledigen würden.

15. Wir können uns entweder von den Umständen beherrschen lassen – oder wir nehmen das Heft in die Hand und beherrschen unser Leben von innen heraus.

15,5 Sie werden das, woran Sie den ganzen Tag denken (das ist das seltsamste Geheimnis der Welt).

Manifest-Herausforderung

Was tun Sie, um führend in Ihrem Fachgebiet zu werden?

Die Antwort besteht meist aus zwei Wörtern: Nicht genug.

SIND SIE BEREIT FÜR DAS MANIFEST?

Absolvieren Sie den Online-Test und sehen Sie selbst: www.gitomer.com/manifesto Er ist nur für Sie einsehbar, kostenlos und er zeigt Ihnen, wo Sie stehen und wo Sie hingelangen müssen, um ein Anführer zu werden.

Am 2. März 1962 wurde ein Basketball-Rekord aufgestellt, der bisher nie gebrochen wurde.

Ich bin ein Fan von Wilt Chamberlain, und das schon seit den späten 1950er-Jahren.

Chamberlain wuchs in Philadelphia auf. (Ich wuchs in den Vororten von Philadelphia auf.) Er ging in die Overbrook High School und entschied sich anschließend für die Unversity of Kansas.

Nach zwei Saisonen brach er das College ab und weil man damals erst Basketball-Profi werden konnte, wenn der eigene Jahrgang seinen Abschluss gemacht hatte, spielte er anderthalb Jahre bei den Harlem Globetrotters.

Als ich im Sommer 1960 im Sommerlager in Pine Forest war, kam Chamberlain als Harlem Globetrotter zu Besuch. (Er war zuvor Küchenjunge im Sommerlager gewesen.) Er führte ein paar Spielzüge und Tricks vor und gab dann Autogramme. Ich war 14. Glücklicherweise war ich so geistesgegenwärtig, dass ich um ein Autogramm auf einer Postkarte bat, denn wir mussten jeden Tag Post nach Hause schicken.

An jenem Tag sandte ich folgende Postkarte nach Hause: *Liebe Mama und Papa, heute habe ich mit »Wilt the Stilt« Ball gespielt.*

Hier ist sein Autogramm. Bitte hebt die Postkarte für mich auf. Liebe Grüße, Jeff

Meine Mutter, Gott habe sie selig, bewahrte die Postkarte 25 Jahre lang auf. Ich fand sie bei den übrigen Postkarten und Briefen, die sie gesammelt hatte, als ich nach ihrem Tod ihre persönlichen Dinge durchsah. Es war ein einzigartiger Augenblick.

Ich weiß nicht, wie viel ein echtes Autogramm von Wilt Chamberlain aus dem Jahr 1960 heute wert ist, aber ich weiß genau, dass ich die Karte nicht einmal für 100 000 Dollar verkaufen würde. Manche Dinge haben keinen Preis, ganz gleich, welche Klischees Sie vielleicht gehört haben.

Zurück zu Wilt.

Man könnte die Meinung vertreten, dass Wilt der beste Basketballspieler aller Zeiten war, und viele würden zustimmen. Viele würden auch widersprechen. Diese Leute sind mir aber egal.

WILT CHAMBERLAIN SETZTE EINEN MASSSTAB.

Wilt Chamberlains Rekorde stehen immer noch in den Büchern. Er war der einzige NBA-Spieler, der je in einer Saison 4000 Punkte erzielte. Er setzte den NBA-Rekord für die höchste Punktzahl in einem Spiel (100), die meisten aufeinanderfolgenden Körbe (18) und die meisten Rebounds (55). Seine verblüffendste Statistik war der Durchschnitt von 50,4 Punkten pro Spiel in der Saison 1961/1962. Er erzielte in derselben Saison auch einen Durchschnitt von 48,5 Minuten Spielzeit pro Spiel (das ist jede Minute in jedem Spiel plus Nachspielzeit).

Wilt trat als Philadelphia Warrior in die NBA ein (weil damals ein regionales Auswahlsystem herrschte). Er ging kurz nach San Francisco, als die Warriors dort hinzogen, kehrte dann als 76er zurück nach Philadelphia und beendete seine Karriere als Laker in Los Angeles.

Als Wilt seine sportliche Karriere beendete ...

- hatte er mit 31 419 Punkten die höchste Karriere-Punktezahl aller Zeiten. (Später wurde er darin von Kareem Abdul-Jabbar, Karl Malone und Michael Jordan übertroffen).

- hielt er den Rekord der meisten Rebounds mit 23 924. (Dieser wird wohl nie gebrochen.)

- Er führte sieben Jahre lang in der NBA mit folgenden Punktzahlen: Die meisten Spiele mit mehr als 50 Punkten: 118. Die meisten aufeinanderfolgenden Spiele mit über 40 Punkten: 14. Die meisten aufeinanderfolgenden Spiele mit über 30 Punkten: 65. Die meisten aufeinanderfolgenden Spiele mit über 20 Punkten: 126. Der höchste Anfänger-Punktedurchschnitt: 37,6 pro Spiel. Höchste Prozentzahl an Körben in einer Saison: 0,727. (Und bei vielen dieser Rekorde liegt der Spieler an zweiter Stelle weit, weit zurück.)

- WAHNSINN!

INTERESSANTE TATSACHE ÜBER WILT: Er wurde in seiner ganzen Karriere nicht ein einziges Mal wegen Foulspiels vom

Spielfeld verwiesen. Dennoch führte er in der Liga auch bei den geblockten Würfen und den Rebounds.

DER REKORD: Am 2. März 1962 erzielte Wilt im Spiel gegen die New York Knicks in Hershey, Pennsylvania, vor rund 4500 Zuschauern 100 Punkte. Dieser Rekord wird wohl nie gebrochen.

Das Spiel wurde nicht im Fernsehen übertragen. Ich habe es im Radio verfolgt.

Ich schreibe das hier, weil Wilt Chamberlain nicht nur Rekorde aufstellte, sondern **Maßstäbe setzte**. Mit seinen herausragenden sportlichen Fähigkeiten veränderte er die Spielregeln.

Wilt war so massiv und ein so hervorragender Rebounder, dass die Foul-Grenzen ausgeweitet wurden, damit er das Basketballfeld nicht vollkommen dominierte. Er veränderte das Spiel UND die Regeln.

- **Was können Sie an Ihrer Karriere oder Ihrem Prozess verändern?**
- **Auf welcher Ebene spielen Sie? Oben, in der Mitte oder unter dem Durchschnitt?**
- **Welche Rekorde setzen Sie, die 50 Jahre überdauern?**
- **Welche Beiträge leisten Sie?**

Wilt Chamberlain war bunt und kontrovers.
Wilt sagte, was er dachte.
Wilt brachte als Coach und Mentor VIELE andere Spieler zum Erfolg.
Er wurde entweder geliebt oder gehasst.
Ich liebte ihn.

Die meisten Menschen wissen gar nicht, dass Wilt nicht nur ein Basketballspieler war. Er war überhaupt ein Weltklasse-Sportler. Er stellte in seinem Bundesstaat auch einen Highschool-Rekord im Hochsprung auf und nach seinem Rückzug aus dem Profi-Basketball gewann er noch mehrmals die Meisterschaften im »Two-Man-Volleyball«.

Bitte halten Sie das nicht nur für eine Hommage an den verstorbenen, großartigen Wilt Chamberlain. Es soll auch ein Kommentar dazu sein, was es bedeutet, Maßstäbe zu setzen, Rekorde zu brechen und so gut zu sein, dass die Regeln geändert werden müssen, wenn das Spiel wieder einigermaßen ausgeglichen sein soll. Genau das hat Wilt Chamberlain im Basketball erreicht.

Wilt setzte einen neuen Maßstab. Welche Maßstäbe haben Sie bisher gesetzt? Welche Maßstäbe könnten Sie setzen?

Das kostenlose GitBit...Wenn Sie ein paar tolle Bilder von Wilt sehen möchten, darunter eine Kopie der Postkarte, die ich 1960 an meine Eltern schickte, gehen Sie auf www.gitomer.com und geben Sie in das Feld GitBit den Namen WILT ein.

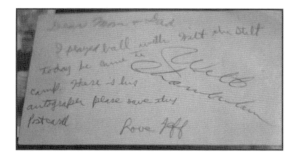

Der Weg zu den Besten. Sind Sie »gut« oder vielleicht doch ein wenig darunter?

Der unsterbliche Bestseller *Der Weg zu den Besten* von Jim Collins führte in vielen Unternehmen zu einer Revolution und auch zu einer Explosion der Buchverkäufe. Das Buch wurde angenommen, angewandt, gelehrt und umgesetzt. In vielen Fällen wurden Unternehmen tatsächlich auf den Weg zu Bestleistungen gebracht – oder zumindest zu sehr guten Leistungen.

Wichtig ist: Diese Unternehmen wollten sich verbessern. Sich selbst verbessern. Ob sie diesen Beschluss aus eigener Kraft fassten oder mithilfe von Experten von außen – das Konzept war und ist, »besser zu werden«. »Der Beste zu sein« ist ein schwer zu fassendes Ziel und Collins wusste das.

Das Konzept ist nicht kompliziert. Es geht um Selbsteinschätzung, einen vereinbarten Aktionsplan, messbare Resultate und eine grundlegende Atmosphäre der Einzel- und Teamarbeit sowie einer herausragenden Führung. So weit, so gut.

Das wahre Problem und das, was mich an dem Buch immer gestört hat, ist, dass es davon ausgeht, dass man »gut« ist. Die meisten Firmen und ihre Mitarbeiter sind das aber nicht. Die meisten

Geschäfte sind es nicht. Und man kann jeden Tag beobachten, wie wieder welche aufgeben müssen.

Die meisten Unternehmen versuchen, ihre Gewinne zu steigern, indem sie Kosten kürzen oder – schlimmer – an der Qualität sparen oder – noch viel schlimmer – ihre Serviceangebote schmälern. Dann ärgern sich die Kunden und erzählen anderen potenziellen Kunden über die sozialen Medien oder eine andere Art der Online-Bewertung wie zum Beispiel TripAdvisor davon. Dann ist der Ruf irgendwo zwischen fragwürdig bis ganz zerstört und es folgt ein Rückgang der Geschäfte.

Bereits 1996 schrieb ich die folgende Wahrheit über Kundenservice auf: »Ein Problem zu lösen, kostet nie so viel, wie es nicht zu lösen.« Auch Jahrzehnte später trifft dies immer noch voll zu.

Der Weg zu den Besten kam 2001 heraus, lange bevor die sozialen Medien die Landschaft beherrschten. Heute ist eine Selbsteinschätzung der Unternehmen völlig überflüssig – sie brauchen nur auf ihre Facebook-Seite zu sehen, wo die Kunden ihnen sagen, wie sie sind. Und meist klafft eine riesige Lücke zwischen dem, was ein Unternehmen und seine Führungsriege über sich DENKEN, und dem, was die Kunden über sie SAGEN. Ich betrachte immer Letzteres als das wahre Bild.

Die wahre Herausforderung liegt also nicht darin, von »gut« nach »großartig« zu kommen, sondern darin, von »scheiße« zu »gut« zu gelangen. Dinge wie heruntergekommene Hotels, miserables Essen im Restaurant, unhöfliche Verkäufer im Laden, lange Warteschlangen, lange Warteschleifen am Telefon, Hinterherhinken in puncto Technik und schlechtes Management trifft man in unserer Gesellschaft an allen Ecken und Enden.

Eine leichte Methode, um den Aufstieg zum Besten (oder zumindest zum Guten) wenigstens zu beginnen, liegt darin, mehr über Ihre Kunden zu sprechen. Fragen Sie nach ihrer Meinung – sowohl online als auch persönlich. Verschaffen Sie sich ein Video von ihnen, wenn Sie können. Eröffnen Sie einen YouTube-Kanal, auf dem die Stimmen der Kunden zu hören sind.

Die »Stimme der Kunden«, egal in welchem Format, liefert Ihnen ein klares Bild davon, wo genau Sie ihrer Meinung nach stehen. Sie erfahren, was sie mögen und was nicht, was sie erwarten und was sie gern verbessert hätten. So erhalten Sie eine solide Ausgangsbasis für Ihre Verbesserungen. Wo könnten Sie besser beginnen als bei der Kundenperspektive, die Ihnen ganz klar sagt, welche Verbesserungen Ihnen helfen würden?

Oh, und es verbessert außerdem Ihren Ruf – ebenfalls KOSTENLOS!

Dieselbe Lektion gilt auch für Verkäufer. Wie »gut« sind Sie? Können Sie von einem »guten« Ausgangspunkt ausgehen? Wenn Sie im letzten Jahr Ihre Verkaufsziele nicht erreichten, können Sie dann mit Fug und Recht behaupten, Sie seien gut? Oder liegen Sie vielleicht eher knapp unterhalb von »gut«? Irgendwo zwischen »scheiße« und »gut«?

Denken Sie während meines Versuchs, Verkäufern bei ihrer Selbstbewertung zu helfen, immer daran, dass sie der Lebenssaft, der Cashflow und der Gewinn jedes Unternehmens sind. Unternehmen, die nicht genug verkaufen, gehen pleite. Waren sie dann gute Unternehmen, die sich verschlechtert haben? Waren sie gute Unternehmen mit schlechten Verkäufern? Oder waren sie schlechte Unternehmen, die schließlich scheiterten? Ich bin für Letzteres.

Mir ist bewusst, dass ich hier einen oberflächlichen Standpunkt einnehme und nicht im Einzelnen auf die Qualität der Führung, des Kundendienstes, des Produkts und auch nicht auf Maßnahmen zur Anbindung der Mitarbeiter oder Kunden eingehe. Dennoch halte ich meine These aufrecht, dass die »Stimmen der Kunden« – sowohl intern als auch extern – insgesamt eine bessere Wahrheit und eine bessere Grundlage ergeben als ein Haufen Führungskräfte und Berater, die um einen Tisch sitzen und sich Ideen aus den Fingern saugen – von denen viele noch dazu ihren eigenen Interessen dienen.

Zurück zu den Verkäufern ... Es gibt keine schnelle Methode, mit der ein guter Verkäufer zu einem herausragenden wird – oder ein unterdurchschnittlicher Verkäufer ein guter oder noch besserer. Aber dennoch gibt es eine umsetzbare Lösung: *Training*. Wiederholtes Training hilft jedem Verkäufer, zuerst zu verstehen und bereit zur Anwendung des Gelernten zu werden, dann den Prozess zu beherrschen und schließlich zur Meisterschaft zu gelangen – durch tägliches Handeln.

Lassen Sie sich darauf ein, Ihre Ergebnisse zu messen. ACHTUNG: Der Maßstab ist nicht, wie viele Kaltakquise-Anrufe Sie in der Woche schaffen. Das wäre ein schwacher Maßstab. Messen Sie nicht Misserfolge, sondern Erfolge. Messen Sie die Dollars aus Ihrer Pipeline. Messen Sie das Verhältnis zwischen Absatz und Gewinn. Messen Sie, wie viele neue Kunden Sie gewonnen haben. Messen Sie Folgebestellungen.

Nutzen Sie die Messungen als Lernerfahrungen, nicht als Bestrafung.

Der Weg zu den Besten ist nicht nur ein Buch und ein Konzept, es ist auch eine Herausforderung. Gleichgültig, auf welchem Niveau Sie in den Prozess einsteigen: Das erwünschte Endergebnis ist: VERBESSERUNG. Wo sind SIE auf diesem Weg? Wie viel »Raum nach oben« haben Sie in Ihrer Welt?

Die meisten Verkäufer sind GUT, sehr wenige sind DIE BESTEN.

Worin liegt der Unterschied? Ich habe eine Liste der »guten« Eigenschaften aufgestellt und eine der »besten« Eigenschaften. Sie werden Ihnen nicht gefallen. »Die Besten« sind rar. Herausragende Leistungen erfordern jahrelange harte Arbeit und den unbedingten Willen zur Höchstleistung. Es gibt aber gute Neuigkeiten für Personen, die das Beste anstreben: Harte Arbeit ist eine seltene Währung, die sich leicht in bare Münze verwandeln lässt.

Sales-Manifest Jeffrey Gitomer **125**

> Ein hervorragender Verkäufer wirst du nicht an einem Tag, sondern nur, wenn du Tag für Tag tätig bist.
>
> *Jeffrey Gitomer*
> *KING of SALES*

Gut ist:

- Sie erreichen Ihre Quoten.
- Sie geben Angebote ab.
- Sie schließen 10 bis 20 Prozent der Verkäufe ab.
- Sie halten Ihr CRM-System auf dem Laufenden.
- Sie haben eine mittelmäßige Präsenz in den sozialen Medien.
- Sie haben eine mittelmäßige Präsenz in Google.
- Sie erreichen »Abschlüsse«.
- Sie bitten um Termine.
- Sie gelangen nicht so einfach zum finanziellen Entscheider.

Das Beste ist:

- Sie glauben an sich selbst und Ihre Fähigkeiten.
- Sie sind vollständig vorbereitet. Sie kennen die Situation des Kunden und wissen, wie er profitieren kann.
- Sie haben sich dem lebenslangen Lernen verpflichtet.
- Sie erreichen maximale Produktivität, indem Sie Ihre Zeit einteilen.

- Sie sind in den sozialen Medien präsent und dort relevant – Sie haben eine Website und sind auf allen relevanten Plattformen präsent.
- Sie differenzieren sich VON den anderen.
- Sie erkennen die wahren Kaufmotive.
- Sie können Ihre Botschaft vermitteln.
- Sie beweisen Wert.
- Der Beweisfaktor der »Stimme des Kunden« ist in Ihrem Prozess fest verankert.
- Sie können Beziehungen aufbauen.
- Sie verstehen und verdienen sich Loyalität.
- Sie verdienen sich Weiterempfehlungen.
- Sie gewinnen auf der Grundlage von Wert und nicht aufgrund des Preises oder durch Unterbieten der Konkurrenz.
- Sie genießen in Google einen HERVORRAGENDEN Ruf.

Tatsachen:

- Verantwortung übernehmen statt Schuld zuweisen
- »Nein« in Wissen verwandeln
- Aus endgültigen Absagen lernen
- Den Unterschied erkennen zwischen Vertriebsplan, Vertriebsquoten und Dominanz im Vertrieb

Manifest-Moment

HAKEN: Jedes »sichere Ding« hat irgendwo einen Haken. Alles, was Sie einbringen müssen, ist harte Arbeit. Verdammt harte Arbeit. Hier ist die geheime Regel des Verkaufserfolgs im Einklang mit den oben genannten Elementen:
Die meisten Verkäufer scheuen die harte Arbeit, die erforderlich ist, damit das Verkaufen ganz leicht wird.

Jeffrey Gitomer

Ein Ziel ist ein Traum mit einem Plan – und andere Märchen

Meine Mutter war nie in Europa.

Sie sprach darüber, sie träumte davon, ja, sie eröffnete im Alter von 55 Jahren sogar ein eigenes Reisebüro. Aber sie gelangte nie dorthin. Sie starb 15 Jahre später, ohne ihr Ziel je erreicht zu haben. Oh, sie verwirklichte zahlreiche andere Ziele. Aber dieses nicht.

Ich dagegen war 20, als ich zum ersten Mal nach Europa flog. Ich wollte dort unter anderem Französisch lernen. Das ist eine wunderschöne Sprache: romantisch, ausdrucksvoll, kultiviert. Aber ich habe es nie gemacht. Ich versuchte es, aber ich tat es nicht. Mittlerweile war ich dreißigmal in Europa und zwanzigmal in Frankreich, aber die Sprache habe ich nie gelernt. Ich kann ein paar Hundert Wörter, aber ich kann mich nicht darin unterhalten oder ein Gespräch verstehen.

Nicht erreichte Ziele.

Haben Sie unerreichte Ziele?

Anfangs sind persönliche Ziele nur Gedanken und Träume. Auch geschäftliche Ziele können so entstehen, aber meistens werden sie Ihnen von einem Vorgesetzten übertragen. Vertriebsziele, Vertriebspläne, Verkaufszahlen, Pipelines, Trichter und verschiedene Benchmarks, die Sie FÜR IHN erreichen sollen.

Daraufhin setzen Sie sich ein Ziel, um sein Ziel zu verwirklichen. Viele Verkäufer schaffen das, aber viele (oder die meisten) auch nicht. Das Management bezeichnet dann diejenigen, die ihr Ziel nicht erreichen, als »schwach«. So müssen die Manager nicht selbst die Schuld oder Verantwortung für die »schwachen« Mitarbeiter auf sich nehmen.

Sie aber, Sie haben Ihre Ziele. Egal, wie sie lauten – ob Sie nach Europa reisen, Französisch lernen, in Urlaub fahren, ein Haus oder ein neues Auto kaufen, abnehmen, das Rauchen aufgeben, heiraten, sich scheiden lassen, ein Kind bekommen oder das Kind später wieder aus dem Haus bekommen wollen: Sie haben eigene, PERSÖNLICHE Ziele.

Heute Morgen kam mir unter der Dusche ein Gedanke darüber, WARUM manche Ziele verwirklicht werden und andere nicht. Der Gedanke kreiste um die alte Definition von Zielen, die mich schon immer gestört hat: »Ein Ziel ist ein Traum mit einem Plan.«

Diese Aussage ist nicht nur falsch, sie ist sogar gefährlich. Sie sagt Ihnen, dass Sie Ihre Ziele nie erreichen werden, wenn Sie keinen Plan machen. Das verstehe ich nicht. Ich mache fast nie Pläne, aber ich erreiche haufenweise Ziele.

Viele Ziele sind gar keine »Träume«. Haben Sie Ihre Verkaufsquoten vielleicht erträumt? Nein, Sie haben eine E-Mail oder ein Blatt Papier bekommen. Kein Traum weit und breit. Meine erste Reise nach Europa war nie ein Traum. Eine Gelegenheit ergab sich und ich nutzte sie. Kein Traum, kein Plan – nur ein Flugticket, ein Pass und ein wenig Geld.

Im Folgenden sehen Sie die Elemente, die aus meiner Sicht den Prozess aus Traum, Ziel und Leistung definieren und umfassen:

Denken: Wenn Ihnen eine Idee einfällt, schreiben Sie sie auf.

Träumen und Tagräumen: Gedanken schicken Ihren Geist auf Wanderschaft hin zu Wünschen, Möglichkeiten und zu einem: »Was wäre wenn ...«. Ich liebe Tagträume – nicht zu verwechseln mit Hirngespinsten. Sie werden nie im Lotto gewinnen.

Beobachten: Sehen Sie sich die Welt und Ihre Welt genau an, damit Sie erkennen, was Sie wirklich sein, tun und haben möchten.

Gelegenheit: Erkennen Sie sie, ergreifen Sie sie und nutzen Sie sie zu Ihrem Vorteil.

Risikotoleranz bestimmt Ergebnisse: Wenn Sie das Ziel für »zu riskant« halten, werden Sie es vorüberziehen lassen. Wenn Sie etwas leisten wollen, müssen Sie auch etwas riskieren.

Könnte, hätte, sollte: Die Worte der Menschen, die nichts riskieren: »Ich hätte was werden können, zumindest ein Klasse-Boxer!« Marlon Brando in seiner Rolle als Terry Mallon im Film *Die Faust im Nacken* (1954).

Begehren: Die Stärke Ihres Begehrens bestimmt, wie lange Sie brauchen, bis Sie etwas leisten.

Bedürfnis: Brauchen Sie es dringend? Ihr Bedürfnis bestimmt ebenso wie Ihr Begehren, wie lange es dauert, bis Sie tatsächlich etwas leisten.

Not: Not ist noch stärker als Begehren oder ein Bedürfnis. Wie groß Ihre tatsächliche Not ist, bestimmt, wie stark Sie sich für Ihre Leistungen anstrengen werden.

Absicht: Absichten gehen den Taten VORAUS. Wenn Sie keine Absichten verfolgen, werden Sie auch keine Leistungen erzielen, selbst wenn Sie es wollen. Welche Absichten verfolgen Sie?

Einsatzbereitschaft: Wenn Sie ein geschäftliches Ziel verfolgen, müssen Sie Zeit zum Lernen und für die Vorbereitung aufwenden. Bei einem persönlichen Ziel müssen Sie lauter kleine Zeitabschnitte einsetzen, um sich langsam voranzuarbeiten.

Hartnäckigkeit: Sie ist die Schwester der Einsatzbereitschaft. Sie lässt Sie an einer Sache dranbleiben, bis Sie sie durchgezogen haben. Sie treibt sie zur Leistung.

Eine Aktion für den Tag oder den Augenblick: Pläne ändern sich, Aktionen finden JETZT statt. Unternehmen Sie etwas. Ein Apfel pro Tag.

Fähigkeiten: Vielleicht haben Sie noch nicht genug Fähigkeiten. Vielleicht müssen Sie noch dazulernen, üben oder andere um Hilfe bitten.

Liebe zum Beruf, zu dem, was er bedeutet: Liebe erzeugt Leidenschaft. Leidenschaft erzeugt Aktion. Aktion erzeugt Leistung.

Für wen? Wofür? Wenn Sie einen Grund haben, motiviert er Sie meist zusätzlich. Seien Sie kein Märtyrer, arbeiten Sie zuerst für sich. Wenn Sie wissen, »für wen« und »wofür« Sie arbeiten, hilft Ihnen das ebenso viel wie alle anderen Punkte hier, mehr zu leisten.

Glauben Sie bei jedem Aspekt des Prozesses an sich selbst: Sie müssen an sich glauben, BEVOR Sie an die Verwirklichung Ihres Zieles glauben können. Seien Sie davon überzeugt, dass Sie es schaffen werden.

Mission: Wenn Ihr Ziel von Ihrer Mission abweicht, werden Sie nicht die nötige Leidenschaft aufbringen, um es zu verwirklichen.

Sichtbarkeit: Hängen Sie die Ziele dort auf, wo Sie sie oft sehen, denn dann bleiben sie im Gedächtnis und in der Vorstellungskraft ganz oben. Meine Ziele hängen am Badezimmerspiegel. Wo sind Ihre?

2013 2018

Unterstützung und Ermutigung: Wenn andere Sie anfeuern und zur Leistung ermutigen, ereignet sich oft ein mentales Wunder.

Glückliche Fügungen: Früher habe ich sie definiert als »die Methode Gottes, anonym zu bleiben«. Aber es ist mehr als das. Glückliche Fügungen ereignen sich in den Augenblicken, in denen Zufall und Gelegenheit zusammentreffen. Genau dann müssen Sie zugreifen und so dafür sorgen, dass es Ihnen selbst und Ihren

Lieben besser geht. Dass Sie erfolgreich und erfüllt leben. Sie haben sich nach dem Messing-Türöffner gestreckt und ihn erreicht.

BEACHTEN SIE: Wenn Sie bekommen, was Sie wollen, sollten Sie unbedingt darauf vorbereitet sein. Sie sollten bereit sein, daraus Profit zu schlagen, zu wachsen, es auszunutzen, zu teilen und zu genießen. – Aber ruhen Sie sich nicht darauf aus.

Kurzer Hintergrund:

Meine Erfolgsphilosophie beruht auf meinem Wissen über Geschäfte und Verkauf sowie auf meiner persönlichen Geschichte und Entwicklung.

Ich bin davon überzeugt, dass Sie wissen müssen, wie die Dinge passieren, denn sonst verstehen Sie nicht, warum sie passieren und wie die Situation gerade steht. Dann können Sie auch keinen großartigen Plan für die Zukunft ausarbeiten oder finden.

Das sagt sich so leicht für mich, denn ich habe 15 Bücher verfasst und mein Erbe als »King of Sales« steht fest. Und auch meine Leistungen hinsichtlich meiner persönlichen Entwicklung, meiner Einstellung und meiner Präsenz und des Verkaufs in den sozialen Medien sind nicht gerade schäbig.

Aber denken Sie bitte auch daran: Ich habe mir bereits als Außenseiter den Arsch aufgerissen, als Sie noch ferngesehen haben und auf Partys herumhingen. Ich habe meine 10 000 Stunden des Schreibens, Vortragens und Verkaufens – und sogar noch mehr – abgeleistet, und an diesem Punkt meiner Karriere helfe ich nun Ihnen dabei, erfolgreich zu werden.

Das ist die Mission – IHNEN ZUM ERFOLG ZU VERHELFEN. Sie müssen entscheiden, wie Sie das annehmen und was Sie damit anfangen.

Sehen Sie sich, nur zum Spaß, doch einmal ein paar Videos davon an, was passiert, kurz nachdem ich aus der Dusche steige … www.youtube.com/buygitomer, suchen Sie nach: »on reflection«.

Das 95/95-Angebot: Welche 95 sind Sie?

Wenn ein potenzieller Kunde Sie anruft und aus irgendeinem Grund bei Ihnen etwas kaufen möchte – vielleicht hat er etwas Gutes über Sie gehört, vielleicht hat er etwas über Sie gelesen oder er hat etwas gelesen, was Sie geschrieben haben, möglicherweise hat er auch ein Video von Ihnen gesehen oder jemand hat Sie ihm empfohlen – dann steht die Wahrscheinlichkeit, dass Sie einen Verkauf abschließen und eine Beziehung aufbauen können, bei knapp 95 Prozent.

Das ist keine schlechte Zahl.

GRUND: Der potenzielle Kunde rief Sie an. Er bat um Informationen in der Hoffnung, einen Kauf abzuschließen.

ZURÜCK ZUR REALITÄT: Sie kommen ins Büro und setzen sich an den Schreibtisch. Heute werden (müssen) Sie 100 Anrufe an potenzielle Kunden tätigen (Kaltakquise). Hier liegt die Wahrscheinlichkeit, dass die Leute »Nein« sagen oder einfach auflegen, bei 95 Prozent. Das ist eine schlechte Zahl. Und von den übrigen fünf Prozent, die zumindest Interesse zeigten, wird vielleicht am Ende einer bei Ihnen etwas kaufen.

Das Problem ist, dass Sie sich bei diesen fünf Prozent durch jede Runde und den gesamten Verkaufszyklus arbeiten müssen, damit etwas herauskommt. Sie bieten Ihr Produkt an, machen einen Termin, liefern ein Angebot ab, feilschen um den Preis und fassen nach, bis Sie den richtigen Entscheidungsträger gefunden haben.

Sicher müssen Sie noch weitere Mauern überwinden, die Sie selbst errichtet haben, weil Sie (oder Ihr Unternehmen) es nicht schaffen, auf dem Markt als Anbieter von Wert aufzutreten.

REKAPITULATION: Sie werden zu 95 Prozent einen Verkauf abschließen, wenn Sie einen unaufgeforderten Anruf von einem potenziellen Kunden ERHALTEN. Sie werden zu 95 Prozent nicht zum Abschluss kommen, wenn Sie einen unaufgeforderten Anruf bei einem potenziellen Kunden TÄTIGEN.

GESTERN: Wahrscheinlich haben Sie und Ihr Unternehmen in den vergangenen zehn Jahren (gestern) Ihren Absatz erzielt, indem Sie tief hängende Früchte ernteten. Dabei haben Sie als Verkäufer wahrscheinlich gedacht: »Ich bin ziemlich gut. Ich bin Mitglied im Präsidenten-Club.«

HEUTE: Plötzlich kommen Sie in der Gegenwart an und wundern sich, wo die Früchte geblieben sind. Sie sind nirgends zu sehen. Nun geraten Sie in Sorge, und zwar aus mehreren Gründen:

1. **Sie haben keine Plattform in den sozialen Medien aufgebaut.**

2. **Sie haben keine Video-Beweise für Ihren Wert oder den Wert Ihrer Produkte.**

3. **Sie haben sich in Ihrem Markt (noch fast) keinen guten Ruf erworben.**

4. **Ihr Produkt oder Service ist sehr wettbewerbsintensiv und Sie können sich nicht spürbar von den Leuten abgrenzen, die Sie hassen: Ihre Konkurrenz. Oder noch schlimmer: Amazon.com.**

4,5 Sie haben keine Wert-Botschaft, die Sie Ihren bestehenden Kunden Woche für Woche schicken könnten.

Wenn Sie überhaupt Marketing- oder Vertriebsbotschaften haben, dann drücken sie eher nach außen (PUSH), als dass sie Menschen anziehen (PULL). Sie stoßen eher ab, als dass sie anziehen würden.

MORGEN: Das bringt mich auf morgen oder, wie man in Disneyland sagt: auf »Tomorrowland«. Tief im Herzen glauben Sie, dass nach einer Veränderung der wirtschaftlichen Lage in »Tomorrowland« alles viel, viel besser sein wird. Alles wird wunderbar und Sie werden glücklich leben, bis ans Ende Ihrer Tage, und selbstverständlich werden Sie wieder in den Club der Präsidenten aufgenommen.

Diese Strategie sollten Sie jetzt nach nebenan mitnehmen, ins »Fantasyland«. Dort können Sie Mickey und Minnie Maus, und vor allem Goofy, die Hand schütteln.

Eine alte Redensart lautet: »Wenn Sie wollen, dass sich die Lage verbessert, müssen Sie sich selbst verbessern.« Wenn Sie bisher weder auf heute noch auf morgen vorbereitet sind, dann sollten Sie sich AB JETZT anstrengen. Stärker, schneller, härter und entschlossener als je zuvor.

Wenn das Verkaufen schwieriger wird, werden sich Ihre Wettbewerber mit Versprechen an Ihre bestehenden Kunden heranmachen, die für deren Geldbeutel sehr verlockend sind.

- Sie müssen wertvollen Service anbieten.
- Sie müssen ein wertvoller Partner sein und
- Sie müssen Wert liefern.

Wenn Ihnen das alles nicht gelingt, werden Sie den Kunden verlieren oder – noch schlimmer – aufgefordert werden, denselben niedrigen Preis zu bieten. (Im Land der Gewinne kommt dieses Nachgeben beim Preis einem Verlust des Geschäfts praktisch gleich.)

Sie müssen jetzt sofort in sich selbst und in Ihre Kunden investieren, damit das 95-Prozent-Pendel in Ihre Richtung ausschlägt. Jetzt ist der Augenblick, in dem Sie Wert bieten müssen.

Es gibt kaum Alternativen zu meinen Empfehlungen – und keine der Alternativen wäre so fundiert wie meine Vorschläge. Viele Verkäufer befinden sich derzeit in einem Zustand zwischen Jammern und Panik. Sie sollten sich um das Wohlergehen ihrer Kunden kümmern, aber stattdessen sorgen sie sich um ihre Jobs. Sie sollten sich um die Loyalität ihrer Kunden kümmern, stattdessen sorgen sie sich um den Zustand der Welt.

Die 95-Prozent-Erfolgsstrategie ist äußerst simpel, aber Sie müssen viel ARBEIT aufwenden, wenn Sie unaufgeforderte Anrufe erhalten wollen:

- Bieten Sie regelmäßig Wert, und zwar vor allem Ihren bestehenden Kunden.
- Senden Sie über Ihre Social-Media-Plattform Wert-Botschaften, von denen bestehende und potenzielle Kunden profitieren können.

- **Bauen Sie sich einen untadeligen Ruf auf.**
- **Bringen Sie Ihre bestehenden Kunden dazu, Sie weiterzuempfehlen, Sie zu unterstützen und loyal zu bleiben.**
- **Nutzen Sie die Strategie großartiger Sportler: Eigenmotivation gleich Eigenleistung.**

Sagen Sie sich, dass Sie den Ball so werfen, dass der »Batter« ihn nicht trifft.

Sagen Sie sich, dass Sie einen Home Run erzielen.

Sagen Sie sich, dass Sie den Ball zum Touchdown zurückbringen.

Und stellen Sie sich bildlich vor, wie Sie das alles schaffen.

Finden Sie heraus, worin Ihre Wert-Botschaft liegt – und zwar in der Wahrnehmung des Kunden – und auch, aus welchem Grund er bereit ist, sie anzunehmen.

Tun Sie dann das, wozu 95 Prozent der Verkäufer nicht bereit sind:

Arbeiten Sie sich den Arsch ab.

Heute.

Jeffrey Gitomer
KING of SALES

Hier finden Sie einige Strategien, wie Sie Ihr Telefon zum Klingeln bringen

Ihre wöchentliche Wert-Botschaft: Abonnieren Sie noch heute meine wöchentliche Botschaft *Sales Caffeine*. Nutzen Sie sie als Hilfe und auch als Vorbild für Ihre eigene wertvolle Botschaft der Woche. Überlegen Sie sich daraufhin selbst eine Wert-Botschaft. Je mehr Wert Sie bieten, desto häufiger wird Ihr Telefon klingeln.

Ihr Podcast: Haben Sie schon mal unseren Podcast *SELL or DIE* (»Verkaufe oder stirb«) gehört? Tausende von Menschen tun es. Podcasts zeigen und bieten sehr viel Wert. Warum erstellen Sie auf Facebook Live nicht einen eigenen und posten ihn dann weiter?

Ihre Website: Haben Sie *ihrennamen.de* schon registriert? Wahrscheinlich nicht. Eine Website aus nur einer Seite, die Ihre Philosophie im Umgang mit Kunden beschreibt, wird häufig angeklickt und stärkt noch einen weiteren Faktor ...

Ihren Google-Faktor: Haben Sie sich schon mal selbst gegoogelt? Was sehen Sie? Bei den meisten Verkäufern werden entweder gar keine oder nicht genug Treffer angezeigt. Ihre Botschaften, Ihr Podcast und Ihre Website sorgen dafür, dass Ihr Name gleich auf der ersten Seite der Suchergebnisse erscheint.

Wollen Sie den Prozentanteil Ihrer erfolgreichen Verkäufe erhöhen? Dann verändern Sie Ihre potenziellen Kunden

Bei welchem Prozentwert auf der Verkaufsskala stehen Sie?

Wie viele von zehn Geschäften können Sie abschließen?

Nun, Mister Top-Verkäufer, vergessen Sie die Prozentzahl. So gut ist sie ohnehin wohl nicht. Wenn Sie sie um 50 Prozent – genau: FÜNFZIG Prozent – steigern wollen, dann verändern Sie die ART Ihrer Verkäufe.

Häh?

Die Art Ihrer Geschäfte hat viel mehr mit dem Grund und mit den Personen zu tun, mit denen Sie sie abschließen, als mit Ihren ausgeklügelten, manipulativen und aggressiven Abschlussmethoden.

Eine alte Vertriebsweisheit besagt, dass die Leute am liebsten mit ihren Freunden Geschäfte machen, wenn ansonsten alles gleich ist.

Und auch wenn sonst alles nicht ganz so gleich ist, machen die Menschen TROTZDEM am liebsten mit ihren Freunden Geschäfte.

Blicken wir einmal hinter diese Weisheit.

Welche verschiedenen »Arten« von Verkäufen können Sie überhaupt abschließen? Ich habe eine Liste erstellt und ein paar Informationen über den Grund hinzugefügt. Im Folgenden gebe ich Ihnen die Informationen und die Realität.

DER niedrigste Prozentanteil: **Kaltakquise.** Blicken Sie den Tatsachen ins Auge. Die Kaltakquise nimmt immer weiter ab. Voicemail und Sicherheitspersonal haben sie uns verdorben. Man dringt nur noch selten erfolgreich durch und es gibt WESENTLICH BESSERE Möglichkeiten der Annäherung. ZUDEM werden die Menschen durch Kaltakquise meist eher verärgert.

Niedriger Prozentanteil: **Besuchstermin nach einem Kaltakquise-Anruf.** Wenn Sie Glück haben (oder gut sind), gelingt es Ihnen, bei der Kaltakquise einen Termin zu vereinbaren. Das ist okay, aber trotzdem ein eher unwahrscheinlicher Verkauf, weil Sie die Bedürfnisse meist noch nicht genau kennen. *Hier müssen Sie noch hart arbeiten:* Es gibt keine Formel für den Erfolg bei solchen Besuchen, aber Sie können immerhin mit Köpfchen herangehen: Legen Sie die Termine auf günstige Uhrzeiten, recherchieren Sie vor Ihrem Besuch und bereiten Sie sich persönlich darauf vor, indem Sie Schulungen absolvieren und die Kategorie richtig wählen.

Angemessener Prozentanteil: **Reaktion auf eine Werbeanzeige, eine Mailing-Aktion oder eine E-Mail-Kampagne an Adressen potenzieller Neukunden.** Das ist besser als Kaltakquise, aber nicht viel. Bei diesen Anfragen geht es meist darum, wie viel das Produkt kostet.

Halbwegs guter Prozentanteil: **Vereinbarter Besuch nach einem Networking-Treffen oder einer Messe oder Verkaufsausstellung.** Hier bestand zumindest schon einmal ein persönlicher Kontakt. Sie haben einen Namen, eine Visitenkarte und vereinbaren einen Termin. *Hier müssen Sie noch hart arbeiten:* Sie brauchen einen Networking-Plan und einen persönlichen 30-Sekunden-Werbespot, um den potenziellen Kunden schneller zu qualifizieren. Dann folgt das Anknüpfen der Netzwerk-Beziehung. Investieren Sie die nötige Zeit und arbeiten Sie den Plan ab, denn das wirft meist RIESIGE finanzielle und persönliche Dividenden ab.

Ziemlich guter Prozentanteil: **Eine Anfrage über die sozialen Medien.** Dies ist ein Zeugnis für Ihre Präsenz oder auch deren Abwesenheit. Diese Menschen sagen Ihnen:»Ich bin einer Ihrer Follower, mir gefällt, was Sie sagen und ich möchte mehr wissen.« Das ist die neue Kaltakquise, Sie haben es nur noch nicht gemerkt.

Ziemlich guter Prozentanteil: **Eine Anfrage über die Website.** Wenn jemand bei einem Besuch auf Ihrer Website um mehr Informationen bittet, ist das ebenfalls ein gutes Zeugnis für Ihren Internet-Auftritt. Es bedeutet, dass Ihre Website interessant ist und man sich auf ihr gut zurechtfindet.

Ziemlich guter Prozentanteil: **Eine Massen-E-Mail an Ihre bestehenden Kunden.** Diese Menschen haben Ihnen schon einmal etwas abgekauft. Sie haben Ihnen Ihren Wert bereits bewiesen und Vertrauen erworben – Sie gelten oft sogar als sehr zuverlässig.

Hoher Prozentanteil. **Aktiver Anruf eines potenziellen Kunden.** Er hat von Ihnen gehört, ist interessiert und bittet Sie um Hilfe. Können Sie ihn als Kunden gewinnen?

Wirklich hoher Prozentanteil: **Eine Weiterempfehlung eines anderen Kunden.** Hier sollten Sie in jedem Fall einen Verkauf abschließen.

Wirklich hoher Prozentanteil: **Eine unaufgeforderte Empfehlung.** Es steckt harte Arbeit dahinter, bis man eine solche Empfehlung bekommt, aber wenn sie dann anrufen, hat man fast immer einen neuen Kunden.

DER höchste Prozentanteil: **Kaufwunsch oder erneute Bestellung von einem bestehenden Kunden.** Er kennt und mag Sie, vertraut und glaubt Ihnen und vertraut darauf, dass Sie liefern, was Sie versprechen. *Hier müssen Sie hart arbeiten:* Am Service zwischen zwei Verkäufen. Bleiben Sie mit Ihren Informationen dem Kunden immer einen Schritt voraus. Entwickeln Sie eine Beziehung zu ihm. Bauen Sie durch Ihre Leistungen Vertrauen auf. Helfen Sie ihm, sein Unternehmen erfolgreicher zu machen. REALITÄT: Nichts von dem stellt sich ein, wenn Sie nur Kaltakquise betreiben und immer sofort wieder zum nächsten Kunden rennen.

HINWEIS DES AUTORS: Ich weiß, dass ich viele E-Mails von Verkäufern erhalten werde, die mir erzählen, wie viel Erfolg sie bei der Kaltakquise haben, wie diese funktioniert und wie viel Geld sie mit ihr verdienen konnten. Super! Aber das war vor zehn Jahren. Wachen Sie auf und schnuppern Sie mal ins Internet hinein.

Die schlechteste Methode

Bei der Kaltakquise liegt der Schlüssel zum Erfolg im *Aufbau eines Glaubenssystems*. Glauben Sie an sich, an Ihr Unternehmen und an das, was Sie verkaufen. Je stärker Ihr Glaube – oder besser: *Je stärker Sie daran glauben, dass Ihr Produkt den Menschen helfen wird*, desto leichter werden Ihnen die Gespräche mit potenziellen Neukunden fallen. Im Folgenden sehen Sie die 4,5 Glaubenspfeiler, die Sie brauchen, bevor Sie den Kaltakquise-Prozess beginnen können:

1. Ich glaube daran, dass mein Unternehmen das Beste ist.

2. Ich glaube daran, dass meine Produkte oder Dienstleistungen die besten sind.

3. Ich glaube daran, dass ich der Beste bin.

4. Ich glaube daran, dass ich mich von der Konkurrenz unterscheide und dass ich mich NICHT mit ihr vergleichen muss.

4,5 Ich glaube, dass es meinem Kunden besser gehen wird, weil er mir etwas abgekauft hat.

Bei der Kaltakquise werden diese Glaubenspfeiler sofort auf die Probe gestellt, vor allem, wenn Sie abgewiesen werden. Betrachten Sie den Vorteil dieser Methode: Da alle Verkäufer danach streben, ihre Fähigkeiten zu verbessern, bietet die Kaltakquise eine hervorragende Möglichkeit zum Erwerb großartiger Fähigkeiten.

REALITÄT: Kaltakquise ist eine lausige Verkaufsmethode. Vom Prozentanteil der erzielten Abschlüsse gesehen, ist sie die schlechteste und von der Schwierigkeit her die härteste. Vom Blickpunkt der Intelligenz her betrachtet, ist sie die Dümmste.

Drängend, aggressiv, lästig, selbstbewusst oder professionell. Wie sind Sie?

Vertriebsleute bekommen einen schlechten Ruf, wenn sie zu sehr auf einen Abschluss drängen.

Sie kennen sicher die Ausdrücke »aufdringlicher« oder »aggressiver« oder gar »lästiger« Verkäufer. Wie fühlen Sie sich, wenn Sie sie hören?

Dabei strengen sich Verkäufer sehr an, um NICHT als drängend, aggressiv oder lästig wahrgenommen zu werden. Daher bewegen sie (vielleicht auch Sie) sich auch ans andere Ende des Spektrums und versuchen, professionell zu sein oder als professionell bekannt zu werden.

HINWEIS zur VORSICHT und zur BEACHTUNG: Ein professioneller Verkaufsbesuch ist in Ordnung, aber langweilig. Professionelle Treffen enden meist ohne Ergebnis. Oder schlimmer: Sie enden in einem unendlichen Nachfass-Vakuum. Das ist nicht gut. Denken Sie einmal folgendermaßen über Professionalität nach: Ihr Kunde muss Sie als Profi *wahrnehmen*. Auf Ihrer Seite geht es mehr um Aussehen und von Seiten des Kunden mehr um Wahrnehmung. In der heutigen Vertriebswelt ist Professionalität eine Voraussetzung. Ihre Worte, Aktionen und Taten müssen dann das Weitere tun.

Professionalität ist nichts Schlechtes, aber sie allein erbringt keine Aufträge.

WICHTIGER AHA-MOMENT: Es gibt einen Mittelweg zwischen drängend, aggressiv, lästig und professionell, und dort werden Abschlüsse gemacht. Man nennt ihn *durchsetzungsfähig*.

ACHTUNG: Durchsetzungsfähigkeit ist in diesem Fall nicht nur ein Wort, sondern eine Strategie und ein Stil. Es ist nicht nur die Art, »wie Sie sich verhalten«, sondern eine umfassende Strategie, deren Elemente gemeistert werden müssen, lange bevor man sie anwenden kann und bevor sie als Verkaufsmethode akzeptabel ist.

HINWEIS zur VORSICHT und zur BEACHTUNG: Durchsetzungsfähigkeit ist ein GUTER Verkaufsstil, solange Sie die Elemente kennen und beherrschen, die sie für den Kunden akzeptabel machen.

WOHER KOMMT DIE DURCHSETZUNGSFÄHIGKEIT?

- **Die Wurzel der Durchsetzungsfähigkeit ist der Glaube.**
  Ihr Glaube an das, was Sie tun, Ihr Glaube an das, was Sie repräsentieren, Ihr Glaube an die Produkte und Dienstleistungen, die Sie verkaufen, Ihr Glaube an sich selbst, Ihr Glaube daran, dass Sie sich von Ihren Wettbewerbern differenzieren (und sich nicht mit ihnen vergleichen müssen) sowie Ihr *fester* Glaube daran, dass es dem Kunden besser geht, wenn er bei Ihnen gekauft hat. Dies alles können Sie nicht mit dem Verstand glauben, sondern Sie müssen es tief im Herzen glauben. Tiefer Glaube ist der erste Schritt zur Entwicklung der Durchsetzungsfähigkeit. Bevor Sie glauben, ist Mittelmäßigkeit die Norm. Aber sobald der Glaube in Ihrem Herzen ist, wird alles andere möglich.

- **Eine Einstellung positiver Erwartung.** Damit Sie sich durchsetzen können, genügt nicht allein eine positive oder *JA!-Einstellung*. Sie brauchen eine Einstellung der »positiven Erwartung« oder »Vorfreude«. Das bedeutet, Sie müssen in jedes Verkaufsgespräch eine gewisse Sicherheit mitbringen, dass das Ergebnis für Sie positiv sein wird. Es bedeutet, dass Sie eine leicht ansteckende, positive Stimmung verbreiten – die sich auf den Kunden übertragen kann, sodass er kauft.

- **Die geheime Zutat der Durchsetzungsfähigkeit ist die vollkommene Vorbereitung.** Dazu gehören die auf den Kunden konzentrierte Planung vor dem Besuch sowie die Ausarbeitung des Ziels, des gewünschten Ergebnisses. Die meisten Verkäufer begehen den fatalen Fehler, sich nur auf sich selbst bezogen vorzubereiten (Kenntnis des Produkts, Fachliteratur, Visitenkarten, bla, bla, bla …). Die Realität der Vorbereitung muss aber immer ZUERST den Bezug zum Kunden im Auge haben. Seine Bedürfnisse, seine Wünsche und sein erhofftes, positives Ergebnis – sein Gewinn. Wenn diese Elemente nicht integraler Bestandteil Ihrer Vorbereitungen sind, werden Sie den Kunden an denjenigen verlieren, der daran gedacht hat.

- **Die Gleichung muss auch einen unbestreitbaren Wert für den Kunden enthalten.** Dies gehört nicht nur zur Vorbereitung, sondern es ist auch Teil der Beziehungen, die Sie zu den Kunden aufbauen, die dann bereit sind, für Sie Zeugnis abzulegen und andere Beweise zu liefern (hoffentlich im Video-Format). Damit können sich weitere potenzielle Kunden identifizieren, sie glauben und anschließend bei Ihnen kaufen.

REALITÄT: Es geht nicht darum, Ihre Überzeugungen zu verändern, sondern darum, sie zu stärken. Es geht nicht darum, Ihre Einstellung zu verändern, sondern sie aufzubauen. Sie sollen auch nicht Ihre Vorbereitungen verändern, sondern sie intensivieren. Es geht nicht darum, Wert zu schöpfen, sondern darum, wahrgenommenen Wert zu bieten.

UMFASSENDERE REALITÄT: Erst wenn Sie *Glauben, Einstellung, Vorbereitung* und *Wert* gemeistert haben – und zwar so, wie ich sie gerade definiert habe – dann, und nur dann, können sich *langsam* Durchsetzungsfähigkeit und positiv bejahender Verkauf einstellen.

UMFASSENDSTE REALITÄT: Schrittweises Wachstum des Glaubens, der Einstellung, der Vorbereitung und des gebotenen Werts werden zu mehr Durchsetzungsfähigkeit im Verkauf führen und damit zu mehr Absatz.

IHRE ERSCHEINUNG IST DER KLEBSTOFF: Ihr professionelles Auftreten, Ihr ruhiges Selbstbewusstsein, Ihre Sicherheit, die auf Wissen und Informationen beruht, welche Ihrem Kunden helfen können, Ihre bisherige Erfolgsgeschichte, Ihre unwiderlegbaren Beweise und Ihre positive, bejahende Fähigkeit, den Kunden auf die Verantwortung gegenüber seinen eigenen Kunden und Mitarbeitern hinzuweisen. (Verantwortung ist eine akzeptable (und positive) Form der Rechenschaftspflicht.) Kein Kunde will von einem Verkäufer *zur Rechenschaft gezogen* werden – aber JEDER Kunde hat eine MISSION, die ihn zur *Verantwortung* gegenüber den eigenen Kunden und Kollegen verpflichtet.

Wenn Sie Ihren Glauben, Ihre Einstellung, Ihre Vorbereitung, Ihren Wert und Ihre Durchsetzungsfähigkeit kombinieren, erhalten Sie ein vorhersehbares Ergebnis: die Zunahme Ihrer Verkaufserfolge.

Sind Sie passiv, aggressiv oder durchsetzungsfähig? Nur eine dieser Methoden wird siegen.

Die Antwort lautet »durchsetzungsfähig«. Dies ist die beste Strategie, um Kunden einzubinden, die Kontrolle zu behalten, den Wert zu beweisen, eine kauffreudige Atmosphäre zu schaffen und eine dauerhafte Beziehung aufzubauen.

Ich definiere »Durchsetzungsfähigkeit« als eine geistige Einstellung und eine Art der Vorbereitung, die VOR ihrer Umsetzung während des Besuchs geleistet werden muss.

Die beiden verbleibenden Teile der Durchsetzungsfähigkeit sind:
1. **Die Verkaufspräsentation selbst.**
2. **Der Prozess des Nachfassens nach dem Anruf oder Besuch.**

Interessant ist hier, dass der Verkaufsbesuch – die tatsächliche Präsentation – nicht so viel Durchsetzungsfähigkeit erfordert wie das Follow-up. Es ist viel schwieriger, einen potenziellen Kunden erneut so anzusprechen, dass er sich ehrlich dafür interessiert und eine Kaufentscheidung trifft.

Wenn Sie aber ein großartiger, ein durchsetzungsfähiger Verkäufer sind, wird ein Follow-up vielleicht überflüssig, weil Sie bereits während der Präsentation den Weg zum Verkauf freimachen konnten.

DIE PRÄSENTATION: Wenn Sie vor dem potenziellen Kunden stehen, MÜSSEN Sie beeindruckend aussehen und beeindruckend klingen. Sie kennen ja die alte Redensart: »Es gibt keine zweite Chance, um einen guten ersten Eindruck zu hinterlassen.« Sie müssen von einer positiven Position ausgehen, um ein positives Ergebnis zu erreichen.

Durchsetzung beginnt mit dem Augenkontakt, einem Lächeln und dem Handschlag. Damit etablieren Sie sich im Kopf des Kunden als eine Person, die sowohl selbstsicher als auch zufrieden ist.

Sie nehmen entspannt Platz und akzeptieren, wenn Ihnen Kaffee oder Wasser angeboten werden. Lehnen Sie sich im Gespräch leicht nach vorn. Wenn Sie für Ihre Präsentation Geräte oder Hilfsmittel brauchen, stellen und legen Sie sie vor sich bereit. Dann beginnen Sie sofort und sprechen über irgendetwas, das nichts mit Ihrem Geschäft oder dem Unternehmen des Kunden zu tun hat.

Sie beginnen den Vorgang des »Sich-Anfreundens«. Sie beginnen das Geschäft, wechselseitig Lächeln hervorzurufen. Sie beginnen, so über den Kunden zu sprechen, dass er merkt, dass Sie sich vorbereitet und Ihre Hausaufgaben gemacht haben. Sie können jeden Moment mit der Diskussion seiner Bedürfnisse beginnen, aber Sie ziehen es vor, zuerst über seine Familie und persönlichen Interessen zu sprechen.

Der Übergang von der Herstellung einer persönlichen Verbindung zur Besprechung der geschäftlichen Anliegen erfordert einen positiv-bejahenden Denkprozess. Dafür gibt es keine Formel, Sie verlassen sich einfach auf Ihr Gefühl. Der Verkäufer muss spüren, wann die Zeit reif ist, und dann muss er den Mut haben, zum nächsten Schritt überzugehen.

Selbstbewusste Präsentationen beginnen mit Fragen. Im Hauptteil bieten Sie unwiderlegbare Beweise und am Ende erhalten Sie die Zusage des Kunden, die Sie sich verdient haben.

HINWEIS zur VORSICHT und zur BEACHTUNG: Egal, wen Sie besuchen: Der Kunde will immer wissen, was es in SEINER Geschäftssparte Neues gibt und wohin die Trends weisen. Wenn Sie ihm das im Lauf Ihrer Präsentation vermitteln können, dann garantiere ich Ihnen, dass eine auf Wert basierende Beziehung zwischen Ihnen entstehen wird und dass Sie das volle Interesse des Kunden genießen werden.

So nutzen Sie die Wirkung der »Durchsetzungsfähigkeit« in einer Verkaufspräsentation:

Bei einer durchsetzungsfähigen Präsentation sind Sie als Verkäufer in mehrfacher Hinsicht gefordert: Sie brauchen eine Kombination aus Ihrem Wissen über die Bedürfnisse des Kunden und Ihrer Verlässlichkeit und Fähigkeit, sowohl verbal als auch nonverbal eine Verbindung zu der Person oder Gruppe herzustellen, mit der Sie sprechen.

Sie spüren, dass Ihre durchsetzungsfähige Strategie funktioniert, wenn der Kunde oder potenzielle Kunde Fragen stellt, die auf ein tieferes Verständnis Ihres Produkts oder Ihrer Dienstleistung abzielen. Dann wird der Monolog zum Dialog und erzeugt gleichzeitig die Macht der Beziehung – oder sollte ich sagen: des *positiv-bejahenden Engagements.*

Irgendwann müssen Sie dann die Transaktion abschließen. Das bedeutet, dass Sie entweder um den Abschluss bitten (was ein berechtigter Bestandteil des durchsetzungskräftigen Prozesses ist) oder dass Sie ein sekundäres Mittel zur Bestätigung des Abschlusses einsetzen (beispielsweise die Festlegung eines Liefertermins oder eines Termins zur Übergabe und Einrichtung).

An dieser Stelle trifft der Gummi auf den Asphalt. Wenn Sie den Auftrag erhalten, haben Sie einen hervorragenden, positiv-durchsetzungsfähigen Job geleistet. Wenn Sie ihn nicht erhalten, bedeutet das, dass Sie in den positiv-bejahenden Follow-up-Modus übergehen. Und das geht so ...

NACHFASSEN: Durchsetzungsfähiges Nachfassen ist erlaubt, wenn Sie im Voraus darum bitten und sich mit dem Kunden darauf einigen.

Das geht so: »Mr. Jones, wie kann ich am besten mit Ihnen in Kontakt bleiben?«, »Auf welche Weise kommunizieren Sie am liebsten?«, »Gibt es jemanden, den ich bei unserer Kommunikation auf »cc« setzen soll?« oder »Darf ich Ihnen hin und wieder eine Nachricht schicken?«.

Mit diesen Fragen bitten Sie um eine Erlaubnis. Sie sehen damit, an welchem Punkt Ihre Beziehung steht. Wenn Sie eine Handynummer erhalten und hin und wieder eine Nachricht schicken dürfen, bedeutet das, dass Ihre Beziehung auf einem gefestigten Fundament steht.

WO IST DER WERT? Wenn ich um einen Termin zum »Nachfassen« bitte, erhalte ich sicherlich eine ausweichende Antwort. ABER wenn ich anbiete, mit wertvollen Informationen über die Geschäftssparte oder die Aufgabe des Kunden zurückzukommen, bekomme ich mit Sicherheit einen Termin.

Der Dialog könnte sich ungefähr so abspielen: »Mr. Jones, ich besuche jeden Monat 30 bis 40 Unternehmen. Während dieser Besuche verkaufe ich nicht nur, ich beobachte auch viel. Jeden Monat schreibe ich mir zwei oder drei »beste Methoden« auf. Bei unseren Folgekontakten kann ich diese Methoden jeden Monat in fünf Minuten für Sie zusammenfassen. Ist das ein faires Angebot?«

Aber ja doch! Das ist ein gutes Angebot.

Das letztliche Ziel hinter jedem Verkauf ist eine vertrauensvolle Beziehung zum Kunden. Der Weg zur Sicherung dieser Beziehung beginnt mit der Beherrschung der Prinzipien der positiven Bejahung und Durchsetzungsfähigkeit und führt dann zu ihrer Umsetzung in die Praxis.

Ihr Angebot, den Kunden in seinem Geschäfts- oder Aufgabenbereich zu unterstützen, macht Sie nicht nur beliebt, sondern es bildet auch den Grundstein für eine dauerhafte Beziehung.
Eine Beziehung, die auf Wert gegründet ist.

Eine Beziehung, in der Durchsetzungswille durchaus akzeptabel ist.

Das Nebenprodukt der Durchsetzungskraft sind weitere Verkäufe.

Jeffrey Gitomer

MANIFEST Vorbereitung auf Verkaufsbesuche

Der 3X-Prozess ...
LinkedIn – Google – Noodle

1. Recherchieren Sie die Person und das Unternehmen in LinkedIn.
2. Recherchieren Sie die Person und das Unternehmen in Google.
3. »Noodle« (also strengen Sie sich an) und bereiten Sie drei Dinge vor:

    die Fragen, die Sie stellen wollen,

    die Ideen, die Sie mitbringen, und

    die Strategie für das Treffen.

Bringen Sie IDEEN und FRAGEN, NICHT Folien und Sales-Pitches.

Nicht der Abschluss ist wichtig, sondern die Eröffnung.

Sie erreichen keine Abschlüsse?

Das liegt nicht daran, dass Ihnen die Fähigkeiten zum Abschluss fehlen. Es liegt daran, dass Sie Verkaufskompetenzen erwerben müssen. Besser gesagt müssen Sie lernen, Beziehungen aufzubauen und richtig zu fragen und zu kommunizieren.

Jeder Verkäufer will wissen, wie man »einen Verkauf abschließt«. Und noch mehr wollen wissen, warum sie in einem bestimmten Gespräch nicht zum Abschluss gelangten. Sie schreiben mir, sie rufen mich an, sie sind frustriert, sie kaufen Bücher zum Thema, sie versuchen es und werden von ihren potenziellen Kunden dennoch abgewiesen, hingehalten und natürlich auch manchmal angelogen.

Kurz: Sie (oder auch Sie) können den Verkauf nicht dingfest machen.

Hier ist ein Hinweis: Vergessen Sie alle Abschluss-Taktiken. Sie sind abgenutzt, unangenehm, manipulativ und sie lassen Sie in keinem sehr »professionellen« Licht erscheinen.

Hier ist ein besserer Hinweis: Sie haben es nicht geschafft, das Motiv aufzudecken, aus dem der Kunde kaufen sollte, was Sie verkaufen.

Hier ist der beste Hinweis: Sie suchen nach einer guten Taktik, wo Sie doch in Wirklichkeit eine bessere Strategie bräuchten.

Es folgen nun 4,5 Selbstbewertungen und Ideen-Generatoren, die Ihre Unfähigkeit, Verkäufe auch tatsächlich abzuschließen, in die richtige Perspektive rücken.

1. **Stellen Sie zu Beginn Fragen, die den potenziellen Kunden dazu veranlassen, über neue Informationen nachzudenken:**
   - Fragen Sie ihn, welchen Wert er genau in dem Produkt erkennt, das Sie verkaufen.
   - Fragen Sie ihn, was beim letzten Mal geschah, als er Ihr Produkt kaufte.
   - Fragen Sie nach, wie sich ein Kauf auf seinen Gewinn oder seine Produktivität auswirken würde.

2. **Überlegen Sie, wie Sie Ihr Produkt oder Ihre Dienstleistung präsentieren:**
   - Gäbe es Raum für mehr Interaktion und Feedback?
   - Geben Sie dem Kunden während Ihrer (langweiligen) Präsentation Gelegenheit, zu Wort zu kommen?
   - Wie viel Prozent der Zeit spricht der Kunde?
   - Wie fesselnd ist Ihre Botschaft?
   - Wie ausgereift sind Ihre Präsentationsfähigkeiten?

3. **Stellen Sie Fragen, bei denen der Kunde sich gut darstellen kann:**
   - Fragen Sie nach seiner Meinung.

- Fragen Sie, wie er sich dabei fühlt.
- Bitten Sie ihn um seine fachliche Einschätzung.
- Bitten Sie um den Vorzug, aus seiner Erfahrung zu lernen.

4. **Treiben Sie den Kunden bei der Bitte um den Abschluss nicht in die Ecke, sondern gehen Sie von der »Annahme« aus:**

Fragen Sie: Angenommen, wir bestehen die heutige Prüfung. Wann wäre dann der beste Zeitpunkt für die Lieferung?

4,5 Denken Sie daran, dass der Kunde immer dann, wenn er NICHT selbst spricht, Eindrücke sammelt und sich eine Meinung von Ihnen und Ihren Angeboten bildet.

Tatsächlich entscheidet er über das Ja oder Nein, während Sie sprechen.

Je mehr Sie IHN sprechen lassen, desto leichter können Sie ihn dazu verleiten, Ihnen seine Gefühle und Eindrücke mitzuteilen.

Sehen Sie es so: Wenn Sie sprechen, verkaufen Sie. Wenn er spricht, verkauft er sich selbst.

Und wenn Sie jetzt immer noch auf einem Abschluss bestehen, versuchen Sie es mit diesem: »Mr. Jones, möchten Sie noch irgendetwas wissen, bevor ich Ihre Bestellung aufnehme?« Der Kunde sagt darauf meist »nein«, und Sie können sagen: »WUNDERBAR!«

Was Ihnen diese Lektion sagen will: Es ist KEIN PROBLEM, wenn Sie nicht abschließen können. Es ist ein Symptom dafür, dass entweder Ihre Präsentation schlecht war oder Sie Hindernisse errichteten oder dass Sie die Kaufmotive nicht aufdecken konnten. Manchmal sind es alle drei Gründe.

Meine Wette? Es sind alle drei.

Wenn das »Nicht-Abschließen« ein Symptom ist, müssen Sie Ihren Verkaufsprozess von vorne bis hinten überprüfen, um die Probleme oder Hindernisse aufzuspüren. Dabei werden Sie gleichzeitig entdecken, wo sich Gelegenheiten zur Besiegelung eines Kaufs auftun, BEVOR Sie überhaupt ans Ende Ihrer Präsentation gelangen.

Es erscheint so logisch, einen Verkauf bereits *während* der Präsentation abzuschließen. Warum warten dann aber so viele Verkäufer bis zum Ende?

Ein Grund dafür ist sicherlich, dass man dazu vor der Präsentation mehr Vorbereitung benötigt. Sie müssen individuelle Informationen recherchieren und auch viel mehr überlegen und an sich arbeiten. Ein weiterer Grund ist, dass viele der Lehrer, die das Verkaufen unterrichten, immer noch in den 1970er-Jahren feststecken.

Der bei Weitem wichtigste Grund liegt jedoch darin, dass Sie – der angebliche Meister-Verkäufer – Ihr ewig gleiches Muster nicht ändern wollen. Sie wollen weiterhin so verfahren: Eine Verbindung herstellen, Motive ergründen, präsentieren, Einwände überwinden und abschließen. Solange Sie dieses Bedürfnis nach dem Abschluss haben, werden Sie nicht weiterkommen.

Vielleicht sollten Sie sich eine neue Sichtweise zulegen. Messen Sie den Erfolg lieber vom Beginn des Verkaufsprozesses aus und nicht an seinem Ende. Treten Sie ein. Sagen Sie dem potenziellen Kunden, dass Sie das Gefühl haben, dass er bei Ihnen kaufen sollte und dass Sie ihm dies durch Ihre Präsentation bestätigen wollen. Sagen Sie dann: »Wenn Sie irgendwann im Lauf der Präsentation entscheiden, dass Sie NICHT kaufen wollen, läuten Sie diese Glocke (schlagen Sie diesen Gong). Wenn ich nichts höre, gehe ich davon aus, dass Sie am Ende den Vertrag unterschreiben. Ist das ein guter Vorschlag?«

So weit hergeholt das klingen mag – ich VERSICHERE Ihnen, dass es 100-mal besser funktioniert als ein versuchter Abschluss. Hören Sie auf, ständig an den »Abschluss« zu denken, und etablieren Sie lieber während Ihrer Präsentation eine Strategie, die einen »Kauf« bewirkt.

Wenn Ihre »Eröffnung« nicht zwingend wirkt, dann wird der »Abschluss« Ihnen häufig entgleiten.

»Warum kauft der Kunde?« – Auf diese Frage braucht jeder Verkäufer eine Antwort

»Warum kauft der Kunde?« ist tausendmal wichtiger als »Wie soll ich verkaufen?« Nein, lassen Sie mich das korrigieren: Es ist eine Million Mal wichtiger als die Frage: »Wie soll ich verkaufen?« Nein, lassen Sie mich das korrigieren: Es ist eine Milliarde Mal wichtiger als: »Wie soll ich verkaufen?« Verstehen Sie, was ich sagen will?

Ich habe gerade drei Tage in unserem Studio verbracht und die Kunden meiner Kunden dazu befragt, »warum sie kaufen«. Die Antworten ergeben eine Mischung aus gesundem Menschenverstand, verblüffenden Informationen, übersehenen Problemen und unglaublichen Gelegenheiten.

Ich werde nie aufhören, mich darüber zu wundern, dass Unternehmen Tausende von Stunden und Millionen Dollar investieren, um ihren Mitarbeitern beizubringen, »wie man verkauft«, während sie nicht bereit sind, auch nur eine Minute oder zehn Dollar dafür aufzuwenden, dass sie herausfinden, »warum Leute kaufen«. Dabei ist der Grund, »warum sie kaufen«, alles, was zählt.

Sie selbst denken vielleicht, Sie wüssten, warum die Leute kaufen, aber wahrscheinlich fangen Sie nichts damit an. Beweise? Lassen

Sie mich Ihnen die frühen Warnsignale aufzeigen, die bedeuten, dass Sie im Grunde keine Ahnung haben, warum die Leute kaufen.

1. Sie stoßen auf Einwände wegen des Preises.
2. Sie müssen Angebote zuschicken oder andere unterbieten.
3. Die Kunden behaupten, sie seien mit ihrem bisherigen Lieferanten zufrieden.
4. Niemand ruft Sie zurück.
4,5 Sie beklagen sich, dass die Wirtschaftslage schlecht ist.

Wenn Ihnen das alles vertraut ist, gehören Sie wahrscheinlich zum Großen Club.

Nun präsentiere ich Ihnen eine Sammlung der Gründe, aus denen Kunden kaufen. Ich habe keine bestimmte Reihenfolge eingehalten, aber es sind lauter stichhaltige Gründe, die ich direkt aus dem Mund von Kunden aus allen möglichen Unternehmenssparten gehört habe.

1. **Mein Vertriebspartner ist mir sympathisch.**
   BEACHTEN SIE DAS: Sympathie ist das mit Abstand wirkungsvollste Element einer Verkaufsbeziehung. Kürzlich erhielt ich von einer Person, die behauptet, ein Vertriebsexperte zu sein, ein Zitat zugeschickt. Es begann mit: »Ihr Kunde muss Sie nicht mögen, aber er muss Ihnen vertrauen.« Was für ein Idiot. Können Sie sich vorstellen, dass der CEO eines Unternehmens bei einer Kaufentscheidung sagt: »Ich vertraute dieser Person, aber sie

war mir ganz und gar nicht sympathisch«? Sympathie führt zu Vertrauen. Vertrauen führt zu Kaufentscheidungen. Kaufentscheidungen führen zu Beziehungen. Das ist nicht der Lebenszyklus, sondern der *Sympathiezyklus* des Verkaufs.

2. Ich weiß genau, was ich kaufe.
3. Ich erkenne einen Unterschied in der Person und in dem Unternehmen, von denen ich kaufe.
4. Ich nehme den Wert des Produkts wahr, das ich kaufe.
5. Ich glaube meinem Vertriebspartner.
6. Ich kann mich auf meinen Vertriebspartner verlassen.
7. Ich vertraue meinem Vertriebspartner.
8. Ich fühle mich mit dem Vertriebspartner wohl.
9. Ich habe das Gefühl, dass seine Produkte/Dienstleistungen genau zu meinen Bedürfnissen passen.
10. Der Preis erscheint mir angemessen, obwohl er nicht unbedingt der niedrigste ist.
11. Ich erkenne, dass das Produkt oder die Dienstleistung meine Produktivität steigern wird.
12. Ich erkenne, dass das Produkt oder die Dienstleistung meinen Gewinn steigern wird.

12,5 Ich spüre, dass mein Vertriebspartner mich bei der Stärkung meines Unternehmens unterstützen will, um sich sein Geschäft zu verdienen. Mein Vertriebspartner ist eine wertvolle Ressource für mich.

Nun, dies sind ein paar Gründe, die Ihre Denkprozesse in Gang setzen sollten. Wenn Sie Ihre Gründe entdecken, wird das Verkaufen ein Klacks. Gehen Sie, los, tun Sie es jetzt!

»Jeffrey«, jammern Sie. »Sagen Sie mir, wie!«

Okay, tun Sie genau Folgendes:

1. Rufen Sie sechs Ihrer besten Kunden an.

2. Laden Sie sie zu einem Seminar ein mit dem Thema, wie sie IHR Unternehmen weiterentwickeln können.

3. Bieten Sie AUSGEZEICHNETES Essen an.

4. Sagen Sie ihnen, dass Sie unter anderem etwa 15 bis 20 Minuten lang mit ihnen darüber sprechen wollen, wie Sie die gegenseitige Beziehung festigen können.

5. Arbeiten Sie sechs Fragen darüber aus, wie Sie die Bedürfnisse Ihrer Kunden besser zufriedenstellen können und was sie sich von einem Vertriebspartner/ Lieferanten erhoffen und wünschen. Fragen Sie immer: »Gibt es noch etwas ...?«

6. ZEICHNEN Sie dieses Interview AUF, am besten auf Video. Aber Audio genügt auch.

6,5 Hören oder sehen Sie sich die Aufzeichnung hundertmal an.

Ich habe Ihnen nun einige Antworten auf die Frage gegeben, warum Kunden kaufen. Die größere Frage lautet aber: »Warum kaufen IHRE Kunden?« Sie denken, sie wüssten es? Hätten sie gern eine kalte Dusche? SIE HABEN SIE DOCH ÜBERHAUPT NOCH NIE GEFRAGT!

Es erstaunt mich immer wieder, dass die Lösung so offensichtlich ist, aber dennoch so häufig übersehen wird.

Das »Motiv« der (potenziellen) Kunden verstehen, erkennen und aufdecken ... Warum kaufen sie?

Vertriebsleute haben Verkaufspräsentationen, Sales-Pitches und Folien. Kunden haben Kaufmotive, Bedürfnisse und Wünsche. Diese »Kaufmotive« werden häufig gar nicht klar aufgedeckt, weil sich der Verkäufer stärker auf seinen Sales-Pitch konzentriert als auf die Gründe, aus denen der Kunde kauft. Dies ist der schwerwiegendste Fehler, den Verkäufer während ihrer Präsentation begehen können. Es geht nicht darum, zu »erzählen«, bis der Kunde sich zu Tode gelangweilt hat. Es geht darum zu »fragen«, bis Sie den primären Grund erfahren, aus dem der Kunde kaufen will. Und anschließend müssen Sie Harmonie herstellen, damit der Kunde auch sicher bei Ihnen kauft. Hier sind seine Gründe für einen Kauf:

Das primäre Motiv des Kunden könnte sein ...

Seine Geschichte

Sein Bedürfnis

Sein Mangel

Sein Wunsch, zu gewinnen

Sein Wunsch, das Produkt zu besitzen
Sein Wunsch, ein Problem zu lösen oder zu beseitigen
Sein Wunsch, sich von einem Tief zu erholen
Seine Leidenschaft
Seine Angst
Seine Gier
Seine Eitelkeit
Sein Wunsch, andere zu beeindrucken
Sein Seelenfrieden
Sein erhofftes/gewünschtes Ergebnis
Sein Bedürfnis nach einem Wechsel des Lieferanten
Sein Bedürfnis nach besserem Service
Sein Bedürfnis nach leichterer Erreichbarkeit
Sein Bedürfnis nach schnelleren Reaktionen
Sein Bedürfnis nach qualitativ besseren Waren
Sein Bedürfnis nach Personen, die ihm besser helfen können

Sie sollten immer nach dem WARUM fragen, auch wenn er bereits ein Motiv genannt hat, denn Sie müssen herausfinden, ob es noch ein tieferes Motiv gibt.

BEACHTEN SIE: Solange Sie mit Ihrem Sales-Pitch beschäftigt sind, werden Sie diese Antworten NIEMALS erhalten. Den Menschen ist es egal, was Sie tun oder was Sie verkaufen, es sei denn, sie **erkennen und spüren**, dass es ihnen weiterhilft. Wenn Sie auf die richtige Weise fragen, decken Sie diese Umstände auf –

und DANN können Sie auch Ihr Unternehmen und Ihr Produkt auf eine Art und Weise vorstellen, die das Kaufinteresse weckt. Gehen Sie bei Ihren Fragen und Erklärungen immer von der Perspektive des Kunden aus. Sprechen Sie nicht von Ihrer eigenen Warte aus.

Wer übernimmt hier die Verantwortung? Niemand!

Bei all den dämlichen Gesetzen, die heutzutage in den Büchern zu finden sind, sollte man meinen, dass sich ein kluges unter ihnen auch mit der *Übernahme von Verantwortung* beschäftigen würde.

Wäre es nicht cool, wenn Politiker die Schuld nicht mehr anderen zuschieben dürften? Wenn sie selbst die Verantwortung für ihre Handlungen und Ergebnisse übernehmen müssten? Nun, dasselbe gilt im Verkauf.

Ich habe es ziemlich satt, dass Verkäufer mir erzählen: »Der Kunde sagte, er habe kein Interesse.« »Der Kunde ist mit seinem jetzigen Lieferanten zufrieden.« »Der Kunde will keinen Termin mit mir vereinbaren.« Und mein Lieblingssatz: »Der Kunde ruft mich nicht zurück.«

Wenn man diese Sätze so liest, sehen sie ziemlich lahm aus, oder? Warten Sie: Sind sie wirklich lahm oder sind es einfach nur hilflose Rechtfertigungen für schlechte Leistungen im Verkauf, für schlechte Vorbereitung, die mangelnde Fähigkeit, eine leidenschaftliche Botschaft zu vermitteln, zu wenig Glauben in die eigene Firma und das Produkt, einen Mangel an wahrnehmbarem Wert, die Unfähigkeit, sich von den Wettbewerbern zu differenzieren und – das Wichtigste – das Fehlen von Beweisen?

Ob in der Politik oder im Verkauf, die Last ist dieselbe: Übernehmen Sie die Verantwortung für alles, was passiert. Und wenn etwas nicht auf die bestmögliche Weise abläuft, übernehmen Sie die Verantwortung dafür, dass es beim nächsten Mal besser wird.

Es ist doch komisch, wie sich die Begriffe Verantwortung und Schuld anhand der Politik darstellen lassen. Ich meine, also wirklich! Können Sie sich vorstellen, dass ein Politiker sagt: »Leider konnten wir das Gesetz nicht durchbringen und es war alles meine Schuld.« Könnten Sie sich so etwas je im Leben vorstellen?

Deshalb will ich, dass die Übernahme von Verantwortung per Gesetz vorgeschrieben wird, denn dann müssten sie so sprechen. Sie wären gezwungen, die Wahrheit zuzugeben, gezwungen, ihre eigenen Fehler und Nachlässigkeiten einzugestehen. Und sie wären gezwungen, sich zurück ins Schlachtgetümmel zu begeben und mit einem Sieg zurückzukehren.

Hängen Ihnen die Schuldzuweisungen nicht auch zum Hals heraus? Ärgert es Sie nicht, wenn Politiker sich bis zum Erbrechen gegenseitig beschuldigen, dass der eine oder der andere etwas nicht gemacht hat? Steht nicht in der Bibel der Satz: »Wer von euch ohne Sünde ist, der werfe den ersten Stein?« Ich glaube, wenn es ein Gesetz gäbe, würden weitaus weniger Steine geworfen, und wesentlich mehr Menschen würden sich tatsächlich stärker dafür ins Zeug legen, dass das, was sie sagen, auch umgesetzt wird.

Aber zurück zu dem Einwand, dass die Anrufe nicht erwidert werden. Wenn ich höre, wie ein Verkäufer sagt: »Der Kunde ruft mich einfach nicht zurück«, dann möchte ich wirklich gern jemandem ins Gesicht schlagen (nur ganz leicht).

Betrachten wir die wahren Gründe, die dahinterstecken, dann werden Sie vielleicht verstehen, was ich mit dem Unterschied zwischen Schuldzuweisung und Übernahme von Verantwortung meine:

1. Die Nachricht, die Sie hinterließen, war wertlos.
2. Der Kunde hat nicht die Absicht, Ihnen etwas abzukaufen. Er will es Ihnen nur nicht sagen.
3. Der Kunde ist noch nicht zum Kauf bereit und war die ganze Zeit zu beschäftigt, um sich um Sie und Ihr Angebot zu kümmern.
4. Der Kunde betrachtet Sie nicht als eine Person, die ihm Wert liefert, und sucht daher nach jemand anderem.
5. Der Kunde nimmt Sie nicht als authentisch wahr.
6. Sie kennen das Kaufmotiv des Kunden nicht und daher ist es schwer für Sie, seinen dringenden Bedarf auszumachen. Besser gesagt: Sie haben keine Ahnung, warum und wann der Kunde kaufen will.
7. Der Kunde holt noch andere Angebote ein.
8. Es ist Ihnen nicht gelungen, eine emotionale oder geistige Verbindung zum Kunden herzustellen, und er möchte nun lieber nicht mit Ihnen Geschäfte machen.
9. Sie konnten nicht genug Beweise liefern, um alle Risiken zu entkräften und dem Kunden Seelenfrieden zu schenken.
9,5 Der Kunde hat entschieden, bei jemand anderem zu kaufen, und fühlt sich nicht verpflichtet, Sie anzurufen.

Das sind die genauen Beschreibungen einiger echter Gründe. »Der Kunde ruft mich nicht zurück« ist nicht das Problem, sondern das

Symptom. »Warum« der Kunde mich nicht zurückruft – das ist das Problem. Wenn ich nämlich den Grund nicht herausfinden kann und wenn ich dieses Problem nicht beheben kann, werden immer weniger meiner Anrufe beantwortet. Wow, was für eine Vorstellung!

Sie könnten Ihre Gespräche ab jetzt anders beginnen: »Ich werde die Absichten und Kaufmotive meines Kunden aufdecken, ich werde mit ihm darüber sprechen, wie er nach einem Kauf mehr produzieren und höheren Gewinn erzielen kann, und ich werde einige unserer bestehenden Kunden um Video-Zeugnisse bitten, damit ich meine Behauptungen untermauern kann.«

Das »Gesetz zur Übernahme von Verantwortung« könnte das ganze Land revolutionieren. Ich meine, können Sie sich vorstellen, wie es wäre, wenn ein Politiker tatsächlich die Wahrheit sagen müsste, statt immer nur andere Personen oder die Umstände verantwortlich zu machen?

Im Verkauf ist es seit etwa hundert Jahren ähnlich. Verkäufer und ihre Ausbilder bezeichnen Gründe, aus denen ein Kunde nicht kauft oder sich nicht meldet, bequemerweise als »Einwände«. Auf diese Weise schieben sie den Schwarzen Peter zum Kunden.

In Wirklichkeit gibt es aber keine Einwände, sondern nur Hindernisse, Symptome oder Umstände. Aber es gibt keine Einwände. Und all diese Hindernisse, Symptome und Umstände würden verschwinden, wenn der Verkäufer nur Verantwortung übernehmen, das Ergebnis genau analysieren und eine bessere Methode entwickeln würde.

Sie können aber auch einfach jammern und irgendwem die Schuld geben.

Wie ein Politiker.

NACH der Transaktion, dem Telefongespräch, der Nachricht auf dem Anrufbeantworter, der E-Mail, der Produktlieferung oder dem Besuchstermin wird der Kunde eines von fünf Dingen über Sie sagen ...

Etwas GROSSARTIGES
Etwas GUTES
NICHTS
Etwas SCHLECHTES
Etwas WIRKLICH SCHLECHTES

und ES LIEGT IN IHRER HAND, WAS DER KUNDE SAGT.

Ihre Aktionen, Ihre Worte und/oder Ihre Taten bestimmen die Reaktion des (potenziellen) Kunden.

Ich finde es erstaunlich, dass Verkäufer nicht begreifen, in welch großem Maß sie (Sie) ihre Ergebnisse und ihr Schicksal selbst in der Hand haben.

Jeffrey Gitomer

Es ist keine Raketentechnik – Es ist Raketentreibstoff
Die »Erfolgs-Pipeline«
Sie machen nicht genug Umsatz? Ihre Zahlen erzählen Ihnen, woran das liegt.

Sie brauchen »Zahlen«, mit denen Sie Ihre Verkaufszahlen erreichen

HINWEIS: Es handelt sich nicht nur um Verkaufszahlen, sondern um die Zahl Ihrer VERKAUFSAKTIVITÄTEN – weit über den Verkaufszyklus hinaus. Sie stellen die kompletten MANIFEST-Zahlen eines Verkäufers dar, mit denen er die Quoten überflügeln und Einkommen und Wohlstand aufbauen kann.

- Ich brauche _____ Verkäufe, um mein Wochenziel zu erreichen.
- Ich brauche ein wöchentliches Absatzvolumen von _____ €.
- Ich brauche ein monatliches Absatzvolumen von _____ €.

- Mein Abschluss-Durchschnitt liegt bei _____ % (seien Sie ehrlich).
- Ich muss pro Woche _____ potenzielle Kunden besuchen, um mein Ziel zu erreichen.
- Ich brauche pro Woche _____ Kontaktadressen von meiner Firma.
- Ich brauche pro Woche _____ Kontaktadressen aus meinen Aktivitäten.
- Ich muss pro Woche _____ Stunden lang neue Kontaktadressen generieren.
- Ich brauche _____ feste Termine am Vormittag.
- Ich brauche _____ feste Termine am Nachmittag.
- Ich muss pro Tag _____ Nachfassaktionen durchführen.
- Ich muss pro Tag _____ Postsendungen (an neue Kontakte) erledigen.
- Ich brauche insgesamt _____ potenzielle Kunden in meiner Pipeline (mit denen ich bereits gesprochen habe).
- Ich muss pro Tag _____ Angebote/Verträge aufsetzen.
- Ich muss pro Tag _____ Umsatz erzielen.
- Ich muss _____ % Nachbestellungen erhalten.

- Ich muss pro Monat _____ Networking-Veranstaltungen besuchen.
- Ich muss aktives Mitglied in _____ Vereinen/Clubs werden.
- Ich muss pro Tag _____ Minuten an meiner Einstellung arbeiten.
- Ich muss pro Tag _____ Minuten lesen.
- Ich muss pro Tag _____ Minuten neue Dinge lernen.
- Ich muss mich pro Tag _____ Minuten im Verkauf weiterbilden.
- Ich muss pro Tag _____ Minuten an einem wichtigen Ziel arbeiten.
- Ich muss pro Tag _____ Minuten an meinem Erfolg arbeiten.

Bitte tragen Sie die Zahlen ein und vergleichen Sie sie mit Ihren aktuellen Zahlen. Rechnen Sie dann die Differenz aus zwischen dem, was Sie derzeit tun, und dem, was Sie tun müssten. Teilen Sie Ihre Zeit entsprechend ein, damit Sie die Zahlen verwirklichen. Verwandeln Sie »Freizeit-Lücken« in Aktionen und sehen Sie zu, wie Absatz und Einkommen WACHSEN.

Und ... seien Sie jederzeit bereit, Geschäfte zu machen ...

- Die perfekte positive Einstellung
- Persönliche Wahrnehmung von Gelegenheiten
- Im Voraus ausgearbeitete Ideen
- Im Voraus ausgearbeitete Fragen
- Einprägsame Visitenkarten
- Der perfekte persönliche Werbespot
- Zeugnisse und Beweise, die Einwände überwinden

Denken Sie immer daran:
Während Sie sich auf den Kunden vorbereiten, bereitet der Kunde sich auf SIE vor. Sorgen Sie dafür, dass man Sie GOOGELN kann, oder verlieren Sie Ihre Kunden an andere Verkäufer, denen das gelingt.

Um Weiterempfehlungen kann man nicht bitten – man muss sie sich verdienen

Ein guter Freund gab mir ein Buch über den Ausbau des eigenen Geschäfts durch Weiterempfehlungen. Der Autor glaubt: »Die beste Marketing-Strategie ist es, dafür zu sorgen, dass man weiterempfohlen wird.« Er hat recht. Er schreibt weiter: »Wenn man weiterempfohlen wird, heißt das, dass die besten Klienten und Kunden sich laufend selbst klonen – sie stellen Sie laufend anderen Personen vor, die so ähnlich oder gar besser sind als sie.«

Nach Aussage des Autors müssen Sie vier Dinge erfüllen, damit Kunden Sie weiterempfehlen:

1. **Erscheinen Sie pünktlich.**
2. **Tun Sie, was Sie sagen.**
3. **Beenden Sie, was Sie begonnen haben.**
4. **Sagen Sie »bitte« und »danke«.**

Ist es möglich, dass es so einfach ist? Der Autor versichert, dass diese vier Gewohnheiten dem Kunden zeigen, dass Sie ihn respektieren und schätzen. Er sagt, wenn Sie arrogant oder launisch wirken, wird niemand Sie weiterempfehlen, selbst wenn

Sie noch so begabt oder charmant sind. Und er sagt, dass Sie genau diese vier Gewohnheiten ausbilden müssen, wenn Sie nicht oft genug weiterempfohlen werden. Teilweise hat er recht. Sehr teilweise.

Ich sage, dass seine vier Elemente NICHT BEWIRKEN, dass man Sie weiterempfehlen wird. Diese vier Elemente sind eine GRUNDVORAUSSETZUNG in jeder Geschäftsbeziehung. Wenn man Sie weiterempfehlen soll, müssen Sie WEIT ÜBER Pünktlichkeit und Zuverlässigkeit HINAUSGEHEN.

Diese Eigenschaften haben 1955 vielleicht noch ausgereicht, in den Tagen, als die Fernsehserie *Happy Days* ihre größten Erfolge feierte. Aber in der heutigen Zeit (in diesen eher *unglücklichen Tagen*) ist es wesentlich schwieriger geworden, sich Empfehlungen zu verdienen.

Ich habe durch Erfahrung gelernt, dass man um Empfehlungen nicht bitten darf. Man muss sie sich verdienen. Wenn Sie darum bitten, riskieren Sie, dass Ihre Beziehung zum Kunden unangenehm wird – vor allem, wenn er zögert und Sie ihn immer wieder damit belästigen.

Hier ist der Grund: Weiterempfehlung lässt sich in einem Wort als *Risiko* definieren.

Wenn jemand Ihnen ein Empfehlungsschreiben in die Hand gibt, heißt das, dass er bereit ist, seine Beziehung zum Empfänger (Person oder Unternehmen) aufs Spiel zu setzen. Er vertraut darauf, dass Sie vorbildliche Leistungen erbringen und seine bestehende Freundschaft oder Geschäftsbeziehung nicht in Gefahr bringen werden.

Sobald Sie diese Definition von Empfehlung verstanden haben und erkennen, wie zerbrechlich, aber auch wie mächtig sie ist, verstehen Sie auch, warum Sie sie erhalten (oder nicht), und dass Sie zuerst beweisen müssen, dass der Kunde mit Ihnen kein Risiko eingeht. Erst dann haben Sie sich die Empfehlung verdient.

Es ist ungeschickt, um eine Empfehlung zu »bitten«, und meist fühlt sich ein Kunde dadurch unangenehm berührt.

Hier sehen Sie die Elemente, die dazu führen, dass Sie aktiv Empfehlungen angeboten bekommen:

1. Seien Sie sympathisch. Dies ist die erste Voraussetzung. Ohne eine freundliche Beziehung brauchen Sie gar nicht erst weiterzugehen.

2. Seien Sie verlässlich. Das Unternehmen, das Produkt, der Service UND Sie selbst müssen »das Beste« sein und »immer da, wenn man es oder Sie braucht«.

3. Der Kunde muss Sie als Experte in Ihrem Fachgebiet betrachten. Damit er Sie weiterempfehlen kann, müssen Sie so viel Fachkenntnisse haben, dass der Kunden Ihnen vertrauen kann.

4. Der Kunde vertraut Ihnen. Der Kunde ist SICHER, dass Sie im besten Interesse seines Partners handeln werden, dem er Sie empfiehlt. So, wie Sie es auch bei ihm gemacht haben.

5. Sie können frühere gute Leistungen vorweisen. Sie haben bereits für den Kunden gute Leistungen erbracht, sodass er sich darauf verlassen kann, dass Sie diese Leistung wiederholen werden.

5,5 Der Kunde schätzt Sie als wertvoll – als Ressource und nicht nur als Verkäufer. Es geht nicht nur darum, zu »tun, was man sagt«. Darin liegt kein besonderer Wert. Ich meine, dass Sie dem Kunden Wert über Ihr Produkt und Ihre Dienstleistung hinaus bieten müssen. Helfen Sie ihm, mehr Gewinn zu erzielen, mehr zu produzieren oder geben Sie ihm eine andere Form von Wert, die entweder mit Ihrem Produkt zusammenhängt oder auch nicht. Und nicht etwas, das Sie wertvoll finden, sondern etwas, das der Kunde als Wert betrachtet.

Darüber hinaus gibt es sichtbare Anzeichen dafür, dass Sie für eine Weiterempfehlung infrage kommen:

ANZEICHEN FÜR MÖGLICHE EMPFEHLUNGEN: Ihre Anrufe werden erwidert. Das bedeutet, dass ein Zweck, ein Wert oder eine Freundschaft vorliegt. Die Erwiderung Ihrer Anrufe zeigt, dass der Kunde Sie als Person respektiert.

ANZEICHEN FÜR MÖGLICHE EMPFEHLUNGEN: Sie erhalten Nachbestellungen. Das bedeutet, der Kunde WILL mit Ihnen Geschäfte machen und er macht GERNE Geschäfte mit Ihnen.

ANZEICHEN FÜR MÖGLICHE EMPFEHLUNGEN: Es gibt keinerlei Probleme mit dem Service. Ihre Kontakte verlaufen harmonisch und Sie führen alle Bestellungen makellos aus.

ANZEICHEN FÜR MÖGLICHE EMPFEHLUNGEN: Der Kunde akzeptiert Ihre Einladung zum Mittagessen. Und das Gespräch dreht sich stärker um persönliche Dinge als um das Geschäft.

Das Geheimnis lautet: Wenn sich Empfehlung in einem Wort als »Risiko« definieren lässt, dann müssen Sie risikofrei sein – zumindest muss das Risiko tolerierbar sein.

Hier ist eine Strategie, die zu 100 Prozent funktioniert: Empfehlen Sie den Kunden ZUERST weiter. Das wird ihn nicht nur völlig verblüffen, sondern er wird dadurch sogar zu einem Fürsprecher für Sie in Ihrem Empfehlungs-Team.

Hier ist das gute Zeugnis: Sie haben die Empfehlung genutzt, um einen Verkauf abzuschließen.

Das kostenlose GitBit... Wenn Sie weiter Informationen über den Wert einer Empfehlung erhalten möchten, besuchen Sie www.gitomer.com, registrieren Sie sich als neuer Besucher und geben Sie REFERRAL in das Feld GitBit ein.

Fragen Sie nicht mich, fragen Sie sich selbst!

Die Fragen müssen in die Tiefe gehen

Ich erhalte E-Mails, Postings und sogar Briefe mit lauter Fragen von Verkäufern, die HILFE brauchen. Verkäufer, die eine augenblickliche Lösung erwarten.

Nun, hier geht meine Frage zurück an Sie: Was sind die wichtigsten Fragen, die SIE SICH SELBST stellen müssen? Ja, genau – damit Sie die WAHREN Antworten erhalten, die Sie brauchen, fragen Sie nicht mich, sondern sich selbst.

Es folgen nun 54,5 kritische Fragen zu den Themen Verkauf, Karriere, Service, Loyalität, Internet und persönliche Weiterentwicklung, die Sie garantiert zum Nachdenken bringen. Sie werden sich winden, »autsch!« rufen – und vielleicht sogar anschließend etwas unternehmen.

ANWEISUNGEN: Lesen Sie jede Frage, halten Sie inne, überlegen Sie und kreisen Sie die Nummern ein, die sofortige Aktionen oder tieferes Nachdenken erfordern.

1. Wie lauten die fünf wichtigsten Ziele, die ich dieses Jahr erreichen möchte?
2. Welchen Plan habe ich für jedes dieser Ziele?
3. Warum schaue ich Netflix, statt an meinen fünf wichtigsten Zielen zu arbeiten?

4. Was würde geschehen, wenn ich zwei meiner zehn wichtigsten Kunden verlieren würde?
5. Was tue ich, um diesen Verlust zu verhindern?
6. Wie oft stehe ich vor meinen Kunden?
7. Angenommen, meine Wettbewerber stünden täglich einmal vor meinen Kunden und böten ihnen etwas Wertvolles an, während ich nur Literatur über mich vorweisen kann?
8. Was bewirkt meine Website? Wie bringt sie Kunden dazu, etwas zu kaufen?
9. Wie sorgt meine Website dafür, dass die Kunden wiederkommen?
10. Wie sieht meine Website im Vergleich zu denen der Konkurrenz aus?
11. Wünschen sie sich, sie hätten meine Website, oder wünsche ich mir, ich hätte ihre? Oder sind sie alle schlecht?
12. Wie leicht ist es, mit mir Geschäfte abzuschließen?
13. Können mich meine Kunden an 365 Tagen im Jahr rund um die Uhr erreichen?
14. Wie lautet mein Plan, der das ermöglichen wird?
15. Wie sehr hasse ich es, wenn ein Computer meine Anrufe beantwortet?

16. Wie ist es in meiner Firma? Beantwortet dort ein Computer die Anrufe?
17. Was denke ich?
18. Wie freundlich sind die Mitarbeiter in meiner Firma?
19. Wie freundlich bin ich?
20. Welche Einstellung habe und zeige ich?
21. Absolviere ich täglich eine Übung zum Aufbau einer positiven geistigen Einstellung?
22. Welchen Wert bringe ich meinen Kunden, abgesehen von meinem Produkt und meiner Dienstleistung?
23. Wie helfe ich meinen Kunden, ihre Unternehmen zu stärken?
24. Was unterscheidet mich in den Augen meiner Kunden von der Konkurrenz?
25. Was unternehme ich, um mir die Loyalität meiner Kunden zu verdienen?
26. Wie verwundbar bin ich gegenüber meinen Wettbewerbern?
27. Wie verwundbar bin ich, wenn einer meiner Wettbewerber seine Preise reduziert?
28. Werden alle meine besten Mitarbeiter oder Kollegen am Ende des Jahres noch hier arbeiten?

29. Warum werden manche Kunden uns verlassen?
30. Wofür bin ich »bekannt«?
31. In welchen Bereichen bin ich als »der BESTE« anerkannt?
32. Wie außergewöhnlich sind meine Fähigkeiten als Verkäufer?
33. Welche Fragen stelle ich meinen Kunden und potenziellen Kunden, die meine Wettbewerber nicht stellen?
34. Warum haben die letzten fünf potenziellen Kunden nein gesagt?
35. Was unternehme ich dagegen?
36. Warum haben die letzten fünf potenziellen Kunden ja gesagt?
37. Wie baue ich darauf auf?
38. Was sagt meine Voicemail?
39. Ist meine Voicemail-Ansage intelligent oder dämlich?
40. Wie viele Stunden sehe ich jeden Tag fern?
41. Wie viele Stunden sind das in einem Jahr? (AUTSCH!)
42. Wie viele dieser Stunden tragen zu meinem Erfolg bei?

43. Wie viele Bücher über Kreativität habe ich in den letzten 12 Monaten gelesen?

44. Wie viele Bücher über Verkauf oder Service habe ich in den letzten 12 Monaten gelesen?

45. Wie viele Bücher habe ich überhaupt in den letzten 12 Monaten gelesen?

46. Wie viele Selbsthilfe-Podcasts habe ich in der vergangenen Woche während des Autofahrens gehört?

47. Wie viel Zeit widme ich dem Lernen und der Weiterentwicklung?

48. Wie viel Zeit investiere ich in die Promotion und Positionierung meiner Firma?

49. Wie viel Geld gebe ich aus, um mein Image zu verbessern?

50. Was sagen die führenden Persönlichkeiten meiner Branche über mich?

51. Wie viele Menschen verbreiten »Mundpropaganda« für mich?

52. Wie lautet mein Plan, der mein Einkommen im Lauf der kommenden drei Jahre verdoppeln soll?

53. Was muss ich lernen, um das zu erreichen? Was muss ich wohl aufgeben, um das zu erreichen?

54. Wie sehr liebe ich das, was ich tue?

54,5 (Meine Frage an Sie) Wenn Sie es nicht lieben, warum tun Sie es dann?

Das kostenlose GitBit...Hätten Sie gern eine großartige Liste von Büchern zur Erweiterung Ihrer Erfolgs-Bibliothek – und Ihres Erfolgs, wenn Sie sie lesen? Gehen Sie auf www.gitomer.com, registrieren Sie sich, wenn Sie das erste Mal auf der Website sind, und geben Sie in das Feld GitBit die Wörter SALES PILLS ein.

Diese Fragen verlangen nach Antworten.

　Wenn Sie sie alle so ehrlich beantworten, wie es Ihnen möglich ist – und zwar schriftlich –, dann wird das Manifest ganz klar, und damit auch die Aktionen, die Sie unternehmen müssen, um zum Erfolg aufzusteigen.

Mission 5

Manifest-Meisterschaft

> Treffen Sie alle Entscheidungen auf der Grundlage der Person, die Sie gerne werden möchten.
>
> *Jeffrey Gitomer*
> **KING of SALES**

> Sie müssen lieben, was Sie tun. Wenn Sie es nicht lieben, werden Sie nie wirklich erfolgreich sein.
>
> *Jeffrey Gitomer*
> **KING of SALES**

Alles dreht sich um Ihre informierte, beabsichtigte, inspirierte, Manifest-Persönlichkeit.

Die (nicht-geheime) Formel, die Sie dazu brauchen ist ...

Ihre Alltags-PERSÖNLICHKEIT!

FORDERN SIE SICH TÄGLICH HERAUS

Kleben Sie Ihre Ziele auf den Spiegel im Badezimmer.

BILDEN SIE SICH TÄGLICH WEITER

Mit 15 Minuten jeden Morgen werden Sie in fünf Jahren zu einem Weltklasse-Experten.

NEHMEN SIE SICH VOR, SICH JEDEN TAG ZU VERBESSERN

Der größte Raum in Ihrer Wohnung ist der Raum nach oben. Versprechen Sie sich selbst, jeden Tag etwas Neues zu lernen.

NEHMEN SIE SICH VOR, JEDEN VERKAUF VOLLSTÄNDIG DURCHZUFÜHREN

Nachfassen ist einfach eine Bitte um Geld. Die vollständige Durchführung schließt den Verkauf ab, liefert das Produkt oder die Dienstleistung und schmiedet die auf Wert gegründete Beziehung **nach dem Verkauf**.

BESTÄTIGEN SIE SICH TÄGLICH

Wie lauten Ihre zehn bestätigenden Aussagen?

Wo sind sie? Und wann sagen Sie sie zu sich selbst?

BELOHNEN SIE SICH TÄGLICH

Ein Spaziergang, ein Keks, eine kleine Erinnerung daran, dass Sie hart gearbeitet und etwas geleistet haben.

INSPIRIEREN SIE SICH TÄGLICH

Lesen oder schreiben Sie gleich am Morgen etwas, das in Ihrem Geist ein Feuer entfacht und die Kerze unter Ihrem Hintern anzündet.

NEHMEN SIE SICH VOR, POSITIV ZU SEIN

Lesen Sie jeden Tag eine Seite aus dem Buch über die Ja!-Einstellung.

DAS TÄGLICHE SALES-MANIFEST

Verbessern Sie jeden Tag EINES der Manifest-Elemente.

Erfolg ist nichts anderes, als ein paar einfache Disziplinen. Jeden Tag wiederholt, führen sie zum Erfolg.

Versagen ist die Summe mehrerer Fehler, die jeden Tag wiederholt werden.

Jim Rohn

Was ist ein Spitzname? Fragen Sie Wayne Gretzky

Die Meisterschaft im Verkauf hat wenig mit dem »Erreichen von Abschlüssen« zu tun. Wenn Sie Erfolg haben wollen, sollten Sie alle ignorieren, die Ihnen das Gegenteil erzählen. Wenn Sie in einem Seminar hören: »Wir kommen nun zu den fünf besten Methoden, einen Abschluss zu erzielen ...«, dann sollten Sie aufstehen und gehen.

Die Menschen wollen nicht »abgeschlossen« werden. Sie wollen das wunderbare Gefühl haben, dass sie etwas »kaufen«.

Wie lautet also die Lösung?

Abschließen heißt verkaufen. Die Menschen möchten aber nichts verkauft bekommen, sondern sie lieben es, etwas zu kaufen™. Durch Fragen entsteht ein Dialog mit Antworten. Fragen Sie also, bevor Sie selbst erzählen.

Dies ist ein Punkt, an dem sich Meisterschaft offenbart.

Wie werden Sie Meister im Verkauf? Und – wie werden Sie ein Meister in einer Zeit, in der die Lage für Verkäufer in vielen Branchen nicht schlechter sein könnte?

Die Antwort liegt in zwei strategischen Bereichen, die eng miteinander verknüpft sind. Der erste ist die »Meisterschaft« in den 10,5 entscheidenden Elementen des Verkaufs. Und der zweite ist »Studium«, das bedeutet ein lebenslanges Lernen in der Kunst, die Sie beherrschen möchten.

Lassen Sie mich nun diese beiden Strategien vorstellen, ohne in eine lange Dissertation über die Gründe ihrer Auswahl abzuschweifen. Sie können anschließend selbst urteilen (das werden Sie ohnehin tun). Wenn das »Warum« am Ende nicht offensichtlich wird, sind Sie im falschen Beruf.

Wenn Sie verkaufen wollen, wenn es sonst niemand kann, gelingt Ihnen das nur, wenn Sie der »Meister« sind. Sobald Sie aber Meister sind, verliert die wirtschaftliche Lage ihre Bedeutung. Sobald Sie der Meister sind, kommt es auch nicht mehr darauf an, wie es auf dem Markt aussieht. Sie sind der Meister.

Als Wayne Gretzky bei den Edmonton Oilers Eishockey spielte, trug er den Spitznamen »The Great One« (»Der Große«). Dann wurde er an die Los Angeles Kings verkauft. Nannten sie ihn dort »The Good One« (»Der Gute«)? Nein, er trug immer noch den Namen »The Great One«. Weiter ging es zu den St. Louis Blues. Nannten sie ihn dort »The Good One«? Nein, immer noch »The Great One«. Schließlich wurde er an die New York Rangers verkauft. Und was glauben Sie, wie er dort genannt wurde? »The Great One«.

Lernen Sie diese Lektion:
Sobald Sie einmal »The Great One« sind,
bleiben Sie auch »The Great One« –
ganz gleichgültig, für welches
Team Sie spielen.

Dinge, die Sie für sich selbst tun können, ohne jemanden um Erlaubnis zu bitten

1. Treiben Sie täglich Sport.
2. Streichen Sie den Zucker aus Ihrer Ernährung.
3. Nehmen Sie zusätzlich Vitamine und Nahrungsergänzungsstoffe.
4. Stehen Sie jeden Tag eine Stunde früher auf als alle anderen.
5. Lesen Sie viel über das Gehirn und über Karriere … 30 Minuten täglich.
6. Übernehmen Sie Verantwortung für Ihre Handlungen … in jeder Stunde jedes Tages.
7. Erledigen Sie jeden Tag auch noch den letzten Anruf.
8. Kleben Sie Ihre Ziele an Ihren Badezimmerspiegel.
9. Sagen Sie immer nur Gutes über andere Menschen.

10. Erledigen Sie auch die unangenehmen Aufgaben ... sie fallen meist fast unter den Tisch, ergeben aber oft den entscheidenden *Vorsprung*.

10,5

Lassen Sie sich von nichts und niemandem entmutigen, ganz egal was passiert.

Die Meisterschaft im MANIFEST-Wachstum verstehen und umsetzen

Treffen Sie alle Entscheidungen im Hinblick auf die Person, zu der Sie werden möchten – GELEGENHEIT.

Seit 25 Jahren tue ich sofort nach dem Aufwachen an jedem Morgen eines von fünf Dingen – manchmal auch alle fünf.

Schreiben, lesen, vorbereiten, denken, kreieren.

Es ist ein Bruch ...

<u>**Schreiben, Lesen, Vorbereiten**</u>
Denken, Kreieren

Er hat mir geholfen, der zu WERDEN, der ich heute bin. Und er wird mir helfen, zu dem zu werden, der zu sein ich weiterhin anstrebe.

REALITÄTSCHECK DES MANIFEST-VERKAUFS:

Im Verkauf haben Sie EINE CHANCE.
Eine Chance, um den Kunden zu fesseln,
Eine Chance, um Harmonie herzustellen,
Eine Chance, um eine Verbindung herzustellen,
Eine Chance, um glaubwürdig zu wirken,
Eine Chance, um Vertrauen zu erwerben,
Eine Chance, um den echten Entscheidungsträger zu treffen.
Eine Chance zur Differenzierung,
Eine Chance zum Beweis Ihres Wertes
und eine Chance, um den Verkauf zu bitten
(oder besser: ihn zu bestätigen).

Riskieren Sie nichts.
Nutzen Sie die EINE Chance.

Jeffrey Gitomer

Die 12,5 Werte eines Manifest-Verkaufsprofis

1. **Der Wert der Etablierung eines Unterschieds zwischen Ihnen und Ihren Wettbewerbern**
   Der größte Unterschied ist der, den der Kunde in IHNEN wahrnimmt.

2. **Der Wert des Erkennens des Unterschieds zwischen zufrieden und loyal.**
   Zufriedene Kunden kaufen irgendwo. Loyale Kunden bleiben, kämpfen um Sie und empfehlen Sie weiter.

3. **Der Wert Ihrer Sprechweise und Ihrer Überzeugungsfähigkeit**
   Wenn Ihre Verkaufsbotschaft langweilig ist, verzichtet der Kunde. Wenn sie dagegen überzeugend ist, will er kaufen.

4. **Der Wert, alles zu wissen oder zu beschäftigt zu sein**
   Alle Informationen, die Sie brauchen, sind bereits vorhanden. Vielleicht setzen Sie sich ihnen zu selten und zu wenig aus.

5. **Der Wert der Etablierung einer freundlichen Beziehung**
   Wenn alles andere gleich ist, dann machen die Menschen lieber Geschäfte mit Freunden.
   Wenn alles andere nicht ganz so gleich ist, machen die Menschen dennoch lieber Geschäfte mit ihren Freunden.

6. **Der Wert des Humors**

   Wenn Sie den Kunden zum Lachen bringen, wird er auch kaufen. Beschäftigen Sie sich mit Humor.

7. **Der Wert der Kreativität**

   Ihr Schlüssel zur Differenzierung liegt in Ihrer Kreativität. Kreativität kann man lernen.

8. **Der Wert der Bitte um den Abschluss**

   Es ist so einfach, aber niemand tut es.

9. **Der Wert Ihres Glaubens an sich selbst**

   Wenn Ihnen ein Verkauf gelingen soll, müssen Sie daran glauben, dass Sie für die beste Firma der Welt arbeiten.

   Sie müssen daran glauben, dass Sie die besten Produkte und Dienstleistungen der Welt anbieten können.

   Sie müssen daran glauben, dass Sie der beste Mensch auf Erden sind.

   Drei kleine Wörter, die den Schlüssel in sich tragen: *Sie müssen glauben.*

10. **Der Wert der Vorbereitung**

    Die meisten Verkäufer sind nur halb vorbereitet.

    Sie wissen alles über sich selbst, aber sie wissen nichts über ihren potenziellen Kunden.

11. **Der Wert des Nicht-Jammerns**

    Vielleicht sind Sie der Größte – aber wenn Sie jammern, werden die Leute Sie weder mögen noch respektieren.

12. Der Wert des »täglichen Apfels«
Eine Stunde, die Sie täglich lernen, macht aus Ihnen in fünf Jahren einen Weltklasse-Experten in jedem beliebigen Fachgebiet.

12,5 Der Wert der JA!-Einstellung
Die persönliche Einstellung ist ALLES.
Sie werden das, woran Sie die ganze Zeit denken.
Ihre Einstellung bildet den Kern aller Ihrer täglichen Handlungen.

Locken Sie mit Ihrer Botschaft, fesseln Sie durch Wert, verbinden Sie sich mit Gefühl und verkaufen Sie durch Beweise.

Jeffrey Gitomer
KING of SALES

Beim Verkauf kommt es nicht darauf an, wen Sie kennen, sondern darauf, wer SIE kennt!

Jeffrey Gitomer
KING of SALES

Meistern Sie die großen 8,5 Elemente der Positionierung

Die Kunst, eine geachtete Autorität zu werden

1. **Sorgen Sie dafür, dass eine Zeitung oder Zeitschrift über Sie berichtet – eine Geschichte über Sie**
   (Nutzen Sie Ihre eigene PR)

2. **Veröffentlichen Sie auch selbst**
   (Schreiben Sie)

3. **Halten Sie öffentliche Vorträge**
   (Sie werden als Führungspersönlichkeit wahrgenommen)

4. **Kommunizieren Sie Wert-Botschaften über das Internet**
   (Verhelfen Sie zuerst Ihren Kunden zu Profit)

5. **Übernehmen Sie eine aktive Rolle in Ihrem Berufsverband**
   (Netzwerk)

6. **Differenzieren Sie sich spürbar**
   (Riskieren Sie etwas in Ihren Schriften, Vorträgen und Postings)

7. **Sorgen Sie durch konstante Aktivität für Ihre Anziehungskraft durch Wert**
   (Bieten Sie mehr als man sich wünschen könnte)

8. **Zusätzliche Differenzierung**
   (Voicemail, Angebot, Visitenkarten)

8,5 **Lassen Sie andere für sich verkaufen**
   (Beweise und Zeugnisse sowohl im Internet als auch schwarz auf weiß für persönliche Gespräche. Potenzielle Kunden glauben ihresgleichen mehr als Ihnen)

Lesen und Ernten

Wahrer Erfolg, Erfüllung und Geld stellen sich ein, wenn Sie das dominante Sales-Manifest zu IHRER Wirklichkeit machen

- **Werden Sie zuerst Herr über sich selbst.** Seien Sie und geben Sie in jedem Augenblick das BESTE. Sie können aber niemals anderen Ihr Bestes geben, wenn Sie nicht ZUERST für sich selbst das BESTE sind und tun.

- **Ihre Einstellung und Ihr Glaube sind Voraussetzungen für Dominanz.** Studieren Sie die JA!-Einstellung TÄGLICH. Vertiefen Sie Ihren Glauben in Unternehmen, Produkt und Ihre Person.

- **Der Freundlichkeits-Faktor.** Freundlichkeit kostet nichts.

- **Geben Sie zuerst etwas Wertvolles.** Das Rückgrat von Promotion UND Anziehung. Geben Sie, ohne eine Gegenleistung zu erwarten, und Sie können nur gewinnen.

- **Werben Sie für sich und Ihre Botschaft mit einem eigenen PODCAST.** Es wird Zeit, den nächsten Schritt zur Dominanz auf der nächsthöheren Ebene zu wagen. Hören und abonnieren Sie *Sell or Die*, damit Sie den Grund verstehen und lernen, wie es geht.

- **Positionieren Sie sich selbst als beherrschende Persönlichkeit.** Entwickeln Sie eine massive soziale Plattform UND eine Präsenz in den sozialen Medien. Dies ist keine Option, sondern der erste und bleibende Eindruck, den Sie erzielen. Schaffen Sie sich einen untadeligen sozialen Ruf.

- **Ihre Promotion muss auf Wert basieren, NICHT auf Werbung.** Posten Sie nur Nachrichten, die lehrreich und es wert sind, gelesen und geteilt zu werden. Erstellen Sie regelmäßig wertvolle Postings in den sozialen Netzwerken.

- **Erlernen Sie die Wissenschaft des sozialen Verkaufs.** Erzeugen Sie Anziehungskraft, die auf Wert beruht.

- **Sichern Sie sich einheitliche soziale Beweise für Ihr Produkt und sich selbst.**

- **Sorgen Sie dafür, dass die Google-Suchergebnisse für Ihren Namen beeindruckend sind.** Googeln Sie sich selbst jeden Tag, bis Sie mit den Ergebnissen zufrieden sind.

- **Die Tiefe Ihrer sozialen Plattform bestimmt Ihre soziale Relevanz.** Seien Sie selbst relevant, sonst verlieren Sie gegenüber den Personen, die es sind.

BEWERTEN SIE SICH SELBST – Es gibt ein kostenloses Manifest-Assessment mit fünf Fragen (www.thesalesmanifesto.com/assessment).

Locken Sie mit Ihrer Botschaft, fesseln Sie durch Wert, verbinden Sie sich mit Gefühl und verkaufen Sie durch Beweise.

Jeffrey Gitomer
KING of SALES

Fifty Shades of Sales
Gefühl steht an erster Stelle, der Preis ist sekundär

Es scheint, dass die Gesellschaft immer lockerer wird. Internet, Musik, Film, Buchtitel, Fernsehen und Texting führen zu einer Revolution der Offenheit, die es seit den 1960er-Jahren nicht mehr gab.

Und nachdem die Trilogie *Fifty Shades of Gray* derart explosiv so hohe Popularität erreichte, schien mir, dass die Welt des Verkaufs ebenfalls lockerer werden musste.

Natürlich nicht DIESE Art der Lockerheit.

Das Verkaufen ist nicht besonders sexy oder gar erotisch – aber es ist definitiv emotional. Sie, der Verkäufer, beginnen den Prozess mit viel Gefühl und tun Ihr Bestes, um Ihre Emotionen auf den potenziellen Kunden zu übertragen. Ja, Sie wollen sogar auch seine Gefühle aufnehmen. Wenn die gegenseitigen Gefühle wahrgenommen werden und übereinstimmen, kommt ein Verkauf viel wahrscheinlicher zustande als bei einer »professionellen« oder gar »manipulativen« Methode oder Präsentation.

Wenn Sie das Konzept der Fifty Shades of Sales umfassend verstehen wollen, müssen Sie sich bewusst machen, wie das

Verkaufen funktioniert. *Verkäufe werden emotional getätigt und hinterher durch Logik gerechtfertigt.*

Sie investieren in jeden Verkauf sehr viel Gefühl. Ihre Emotionen steigen und fallen mit den Entscheidungen anderer Menschen. Manchmal erzielen Sie einen Punkt, manchmal nicht. Aber in jedem Fall entsteht ein Überfluss an emotionaler Energie.

Sales-Manifest

Wenn Ihr eigenes Unternehmen oder Ihre Karriere als Verkäufer WACHSEN sollen, dann müssen Sie Ihr Unternehmen und Ihre Persönlichkeit BEKANNT MACHEN – und zwar durch Wert-Botschaften, die anderen helfen, ihr Unternehmen zu entwickeln und bekannt zu machen.

Jeffrey Gitomer
KING of SALES

Kunden sind auch extrem emotional – bevor sie etwas in Besitz nehmen (Bedürfnis, Wunsch), während Ihrer Präsentation (Risiko, Zweifel, Vorsicht), wenn Sie etwas in Besitz nehmen (Stolz, Zufriedenheit) und wenn etwas schiefgeht (Angst, Ärger).

Selbst Menschen, die sich beim Kauf vor allem am Preis orientieren, drücken den (emotionalen) Bedarf oder Wunsch nach Besitz aus. Und wenn sie diese emotionale Entscheidung getroffen haben, DANN fangen sie an, auf der Grundlage des Preises zu suchen, den Kauf zu rechtfertigen und sich zu entscheiden.

Ihre Aufgabe ist es nun, die Emotionen des potenziellen Kunden zu nutzen und eine möglichst positive Atmosphäre und einen möglichst hohen wahrnehmbaren Wert zu schaffen, damit er bei Ihnen einkauft.

DIE TOLLE NACHRICHT LAUTET: Ihre Shades of Gray, äh – Sales, sind vollkommen unter Ihrer Kontrolle.

Hier sind die emotionalen Elemente und Aktionen, die eine geeignete Kauf-Atmosphäre schaffen:

- **Stellen Sie emotionale Fragen über die Erfahrungen und Erkenntnisse des Kunden.**
- **Liefern Sie eine leidenschaftliche, fesselnde Präsentation ab.**
- **Zeigen Sie echte, übertragbare und einheitliche Begeisterung.**
- **Ihre Einstellung muss von Herzen kommen.**
- **Sie dienen dem Kunden, weil Sie das Dienen lieben.**

- Sie glauben fest, dass es dem Kunden besser geht, wenn er bei Ihnen kauft. Sie glauben das im Herzen und nicht im Kopf.
- Sie stellen eine persönliche Verbindung her und erzeugen eine Harmonie, die etwas bedeutet.
- Sie decken das Motiv (oder die Motive) auf, die den Kunden zum Kauf veranlassen.
- Sie stellen sicher, dass Ihre Wert-Botschaft über den Preis hinausgeht. Wenn der Wert den Preis übersteigt, findet ein Kauf statt.
- Die Übertreffung der Bedürfnisse des Kunden (»Wow-Effekt«) ist ein regelmäßiger Bestandteil Ihres Verkaufs- und Service-Prozesses.
- Sie nutzen ein emotionales Video mit anderen Kunden als Beweis für Ihre Authentizität, Qualität und Ihren Service.
- Sie geben den Kunden auch nach dem Kauf ein beruhigendes Gefühl.
- Sie interessieren sich ehrlich und ernsthaft für den potenziellen Kunden – ein klassisches Dale-Carnegie-Axiom.
- Sie tun immer mehr, als von Ihnen erwartet wird – ein klassisches Napoleon-Hill-Axiom.
- Sie geben zuerst Wert – ein klassisches Jeffrey-Gitomer-Axiom.

In diese Liste der Eigenschaften eines guten Verkäufers sollten Sie sich nun vertiefen. Sie sind echt, sie erzeugen emotionales Engagement und sie lassen sich alle mit der Zeit zur Meisterschaft entwickeln. Nun folgen noch Elemente, die Ihnen dazu verhelfen, IHR EIGENES EMOTIONALES ICH zu beherrschen, bevor Sie die Verkaufsarena mit den (potenziellen) Kunden betreten.

Sie bestimmen Ihre eigenen Gefühle durch die ausgesprochenen und unausgesprochenen Elemente Ihrer eigenen Persönlichkeit und Ihres Charakters:

- Ihre positive innere Einstellung
- Ihr Lächeln
- Ihr Selbstvertrauen
- Ihre Art, wie Sie sich vor anderen geben
- Ihre Art zu sprechen – sowohl im Ton als auch in den Worten
- Die Art von Person, die Sie sein wollen
- Ihre Art zu leben
- Ihre Art, sich Respekt zu verdienen
- Ihr Ruf unter Kollegen
- Ihr Ruf in der Gemeinde
- Ihr Ruf im Internet
- Die Liebe zu Ihrer Familie
- Tägliche, zufällige freundliche Akte der Nächstenliebe

Dies alles, aber auch die Schattierung – der Grad – an Emotionen, die Sie in jedes dieser Elemente legen, bestimmt das Ergebnis Ihrer Bemühungen im Verkauf und in der Herstellung von Beziehungen wesentlich stärker als der Preis oder unehrliche Botschaften oder Abschlussmethoden.

HINWEIS zur VORSICHT und zur BEACHTUNG: Der Verkaufsabschluss, das Aufspüren des Punkts, an dem es weh tut, Manipulation und der Verkaufsabschluss liegen nicht im Shades-of-Gray-Spektrum – sie sind schwarz. Die Kunden sind zu klug dafür. Sie durchschauen unehrliche Aussagen und Prozesse.

PRAKTIZIEREN SIE SICHEREN VERKAUF: Sie wählten diesen Beruf, weil Sie gewinnen und mehr Einkommen erzielen wollen als mit einem normalen, sicheren Gehalt. Nun müssen Sie unterwegs auch Risiken auf sich nehmen, aber Sie dürfen niemals Ihre moralischen Grundsätze und Praktiken aufs Spiel setzen, ebenso wenig wie Ihren Ruf, den Sie sich durch Ihre Handlungen erwerben.

MANIFEST-Definition eines VERTRAUENSWÜRDIGEN BERATERS

Eine Person, die im Vorstandszimmer dabei HILFT, eine Entscheidung herbeizuführen. JA!

MANIFEST-Definition eines VERKÄUFERS

Eine Person, die DRAUSSEN vor dem Vorstandszimmer auf der Bank darauf wartet, dass eine Entscheidung fällt. Autsch!

Sales-Manifest — Jeffrey Gitomer 221

Sie lernen bei der Klärung der Situation und der Gelegenheit. Sie schleifen Ihre Fähigkeiten durch ständiges Handeln. Sie werden ein Meister, indem Sie den Prozess laufend wiederholen.

Jeffrey Gitomer
KING of SALES

Manifest – Gedanken und Denken

ZITATE VON ANDEREN PERSÖNLICHKEITEN:

Wie lauten Ihre Lieblingszitate und wo sind sie?

Lesen Sie sie täglich?

Hier sind die besten Zitate anderer Persönlichkeiten, die ich gesammelt habe:

Denken Sie darüber nach. Lassen Sie sich inspirieren. Setzen Sie sie um.

Ohne Verkauf passiert rein gar nichts.
Red Motley

Man sollte jedem Kind beibringen, Erfolg zu erwarten.
Orison Swett Marden

Alle Sieger haben Narben.
Herbert Casson

Wenn andere an Sie glauben sollen, müssen Sie sie zuerst davon überzeugen, dass Sie an sich selbst glauben.
Harvey Mackay

Wen können Sie um zwei Uhr nachts anrufen?
Harvey Mackay

Seien Sie einfach Sie selbst. Alle anderen sind bereits vergeben.
Oscar Wilde

Bevor Sie irgendjemanden zu überzeugen versuchen, müssen Sie selbst überzeugt sein. Wenn Sie sich selbst nicht überzeugen können, lassen Sie das Thema fallen.
John H. Patterson (Gründer von NCR)

Du wirst, woran du denkst.
Earl Nightingale

Wer nach der Schule einfach aufhört zu lernen, ist zur Mittelmäßigkeit verdammt, ganz gleich, wozu er berufen sein mag. Der Weg zum Erfolg führt über den kontinuierlichen Erwerb von Wissen.
Napoleon Hill

Warum tun Sie nicht einfach etwas, das andere bewundern, statt sich immer nur darum zu sorgen, was sie von Ihnen denken.
Dale Carnegie

Wer sich für andere interessiert, gewinnt in zwei Monaten mehr Freunde als jemand, der immer nur versucht, die anderen für sich zu interessieren, in zwei Jahren.
Dale Carnegie

Alle zum Erfolg nötigen Informationen sind bereits vorhanden. Das Problem ist nur, dass Sie sich ihnen nicht aussetzen!
Jim Rohn

Ihre Einstellung gegenüber den Menschen bestimmt deren Einstellung Ihnen gegenüber.
Earl Nightingale

Vielleicht kann mich jemand schlagen, aber er wird dafür bluten.
Steve Prefontaine

Persönlichkeit öffnet Türen, aber nur Charakter kann sie auch offen halten.
Elmer Leterman

Lernen Sie, jede Minute des Lebens zu genießen. Seien Sie jetzt glücklich. Warten Sie nicht auf etwas außerhalb Ihrer Person, das Sie glücklich machen wird. Denken Sie daran, wie wirklich wertvoll die Zeit ist, egal, ob Sie sie mit der Arbeit oder Ihrer Familie verbringen. Jede Minute sollte genossen und ausgekostet werden.

Earl Nightingale

Definition des Up-Sellings ...

Mein Sohn, wenn ihr Geldbeutel geöffnet ist, dann leere ihn!

MAX GITOMER

Das Geheimnis, mit dem Sie die Inflation schlagen ...

Mein Sohn, verdiene mehr Geld!

MAX GITOMER

Mission 6

Der ultimative Manifest-Erfolg

»Der einzige Unterschied zwischen dem Ort, an dem Sie jetzt stehen, und dem, an dem Sie in fünf Jahren stehen werden, liegt in den Büchern, die Sie lesen, den Orten, die Sie besuchen, und den Leuten, die Sie dort treffen.«

Charlie »Tremendous« Jones
MENTOR

Meine Manifest-Morgenformel ...

Schreiben, Lesen, Vorbereiten

Denken, Erschaffen

(Ich nutze diese Formel seit 25 Jahren TÄGLICH. Da ich nicht weiß, wie gut sie bisher funktioniert hat, werde ich sie auch in den kommenden 25 Jahren anwenden – und dann war's das – dann höre ich auf.)

Jeffrey Gitomer

Ein kostenloses E-Book erwartet Sie ...

So werden Sie Ihr bisher bestes JAHRZEHNT erleben!

Das beste bisherige Jahr ist passé – ich habe (auf der Grundlage dieses Manifests) ein Dokument für Sie zusammengestellt, mit dem Sie das bisher beste JAHRZEHNT erleben werden. Dabei geht es nicht darum, eine Sache richtig zu machen, und auch nicht darum, eine Sache besser zu machen – es geht darum, alles besser zu machen und die Manifest-Elemente zu meistern, damit Sie DER BESTE werden können. Sie finden die Elemente im Folgenden aufgelistet. Das gesamte E-Book (in englischer Sprache) finden Sie unter www.bestdecadeever.com. Es führt Sie zum »gelben Ziegelsteinweg« – über das Zauberland Oz hinaus – bis zu Ihrer Bank!

1. Definieren Sie sich selbst.
2. Entwickeln Sie ein Mission-Statement für Ihre Verkaufstätigkeit.
3. Bewahren Sie sich einen tiefen Glauben an die drei kritischen Bereiche des Verkaufs.
4. Entwickeln Sie mehr Stolz auf Ihre Leistungen.
5. Sie sind, was Sie essen.

6. Werden Sie eine Sache los, die Ihre Zeit verschwendet.
7. Lesen Sie alle zwei Monate ein Buch.
8. Sorgen Sie dafür, dass Ihre (Verkaufs-)Pipeline voll ist.
9. Erfüllen Sie Ihre monatliche Verkaufsquote immer schon nach der zweiten Woche des Monats.
10. Entwickeln Sie Ihre eigene Marke.
11. Stehen Sie früher auf.
12. Halten Sie Ihre Gedanken und Ideen schriftlich fest.
13. Halten Sie einen Vortrag.
14. Schreiben Sie einen Artikel, den Ihre Kunden lesen werden.
15. Schließen Sie Verkäufe beim Frühstück ab.
16. Sorgen Sie dafür, dass Ihre bestehenden Kunden Ihnen und Ihrer Firma gegenüber loyal bleiben.
17. Verdoppeln Sie die Zahl Ihrer Beweise und Zeugnisse.
18. Verdoppeln Sie die Zahl Ihrer Weiterempfehlungen.
19. Zeichnen Sie Ihre Verkaufspräsentation auf.
20. Beginnen Sie jeden Morgen mit der richtigen Einstellung.
20,5 Sie sind nicht allein. Schaffen Sie sich ein Mastermind.

Das E-Book geht über den heutigen Tag und den heutigen Verkauf hinaus und gibt Ihnen einen festen Plan für ein ganzes Jahrzehnt. Lassen Sie mich das Angebot wiederholen: Gehen Sie dorthin (www.bestdecadeever.com) und holen Sie sich das gesamte E-Book. Es ist Ihr gelber Ziegelsteinweg, über das Zauberland Oz hinaus, den ganzen Weg bis hin zu Ihrer Bank! Gehen Sie jetzt los.

Meine Manifest-Affirmationen:

Es ist mir WICHTIG, dass ich der Herr über meine persönliche Entwicklung, meinen Umsatz und meinen Service bin. Ich sorge ZUERST für mich selbst, damit ich mich als Zweites bestmöglich um andere kümmern kann.

Ich studiere die Kreativität. Ich betrachte die Dinge aus allen Perspektiven und entwickle Ideen für mich selbst und andere.

Ich bin der Meister der Fragen. Ich hole durch Fragen die Wahrheit aus anderen heraus (oder decke sie auf).

Ich bin der Meister der schnellen Reaktion. Schnell oder noch schneller.

Ich bin der Meister der »SIE-Kommunikation«. Die anderen kümmern sich nicht um Sie.

Ich bin der Meister der Ausbeute. Fragen Sie viel und erzählen Sie wenig.

Ich bin der Meister der Beziehungen. Wenn alles andere gleich ist ...

Ich bin der Meister der persönlichen Kommunikation. Mein E-Magazin hält Sie auf dem Laufenden.

Ich bin der Meister des Networking (mit Kunden und Kollegen) – auf Schmusekurs.

Ich bin der Meister im Melken meiner Kühe.

Ich bin der Meister in der Weitergabe des Staffelstabs. Ich delegiere.

Ich bin ein Meister des »Verkaufs nach dem Verkauf« (wow, das war cool).

Ich bin ein Meister des »Service nach dem Service« (wow, das war cool).

BEKRÄFTIGEN SIE DIE GRUNDLAGEN DER DOMINANZ

- Ich habe die Einstellung, ich habe das Selbstvertrauen, ich habe das Auftreten, ich habe die Durchsetzungskraft – NICHT die Aggressivität.
- Ich will aktiv sein und handeln, nicht nur ein Ziel erreichen.
- Ich stelle emotionale Verbindungen her.
- Ich wache auf und lese und schreibe JEDEN TAG.
- Ich poste, um Menschen anzuziehen, und nicht, um zu prahlen.

- Ich klebe Post-it-Zettel mit meinen Zielen an den Badezimmerspiegel.
- Ich bin mit Leistungsträgern zusammen.
- Ich pflege nicht nur mein Netzwerk, ich beteilige mich auch an Ihrem Netzwerk.
- Ich nehme an Messen und Verkaufsausstellungen nicht nur teil oder stelle aus, sondern ich halte dort Vorträge.
- Ich trete Gruppen bei, die mir und anderen helfen können, besser zu werden – ich bin ein Toastmaster.
- Ich kaufe Bücher und nehme an Internet-Kursen von Meistern teil – ich investiere in mich selbst.

21,5 unverletzbare Gesetze des Verkaufs
Die ULTIMATIVEN AFFIRMATIONEN

Erprobte Aktionen, mit denen Sie leichter, schneller und mehr verkaufen können ... JETZT und IMMER!

Leseanleitung: Lesen Sie jedes Gesetz fünfmal, fügen Sie dem Gesetz bei jedem Lesen jeweils eine der folgenden Affirmationen hinzu und unternehmen Sie dann die entsprechende Aktion.

1. Ich muss ...
2. Es ist wichtig, dass ich ...
3. Hier sind meine Gründe, warum ich ...
4. Ich glaube, ich kann ...
5. Ich werde ...

Fügen Sie diese fünf Affirmationen jeweils der Reihe nach vor jedem Gesetz ein. Anschließend kaufen Sie das Buch ...

Unverletzbares Gesetz 1: Locken Sie kaufwillige Personen an.

Unverletzbares Gesetz 2: Denken Sie JA!

Unverletzbares Gesetz 3: Glauben Sie, bevor Sie erfolgreich sind.

Unverletzbares Gesetz 4: Setzen Sie Humor ein.

Unverletzbares Gesetz 5: Bauen Sie eine eigene Marke auf.

Unverletzbares Gesetz 6: Verdienen Sie sich einen guten Ruf.

Unverletzbares Gesetz 7: Seien Sie durchsetzungsstark und hartnäckig.

Unverletzbares Gesetz 8: Beweisen Sie Exzellenz.

Unverletzbares Gesetz 9: Bieten Sie als Erster einen Wert.

Unverletzbares Gesetz 10: Kommunizieren Sie immer im Hinblick auf die anderen.

Unverletzbares Gesetz 11: Fragen Sie, bevor Sie sprechen.

Unverletzbares Gesetz 12: Gestalten Sie Ihren Service unvergesslich.

Unverletzbares Gesetz 13: Sorgen Sie für gegenseitige Loyalität.

Unverletzbares Gesetz 14: Verdienen Sie sich Vertrauen.

Unverletzbares Gesetz 15: Nutzen Sie die Stimmen Ihrer Kunden.

Unverletzbares Gesetz 16: Entdecken Sie das »Warum«.

Unverletzbares Gesetz 17: Streben Sie immer nach Leistung.

Unverletzbares Gesetz 18: Differenzieren Sie sich in der Wahrnehmung der Kunden.

Unverletzbares Gesetz 19: Erbringen Sie dynamische Leistung.

Unverletzbares Gesetz 20: Entwickeln Sie soziale Anziehungskraft, Faszination und Bindungskraft.

Unverletzbares Gesetz 21: Verdienen Sie, ohne darum zu bitten.

Unverletzbares Gesetz 21,5: Lieben Sie es oder lassen Sie es.

»Sobald Sie die Gesetze meistern, werden Sie ihre Belohnungen ernten.«

Jeffrey Gitomer

Verpflichtende Manifest-Aktionen

- Verpflichtender Morgenkaffee mit Geld.
- Geben Sie Empfehlungen, damit Sie Empfehlungen erhalten.
- Geben Sie Loyalität, damit Sie Loyalität erhalten.
- Vertiefen Sie Beziehungen mit regelmäßigen Wert-Angeboten.
- Verdienen Sie sich Weiterempfehlungen durch die Philosophie des »Wert-Zuerst«.
- Verbringen Sie doppelt so viel Zeit mit Menschen, die JA zu Ihnen sagen können.

Dies sind die Kernelemente des Manifests, die die Grundlage für Ihren Erfolg und Wohlstand bilden.

Studieren Sie sie, personalisieren Sie sie und setzen Sie sie in tägliche Aktionen um – für sich selbst.

Es geht nicht, dass Sie dieses Manifest nur lesen. Damit Sie die Botschaft verstehen, müssen Sie die Botschaft studieren. Sie müssen die Botschaft leben und die Botschaft, die Ideen und die Strategien wiederholen, bis sie tief in Ihrer Seele verwurzelt sind.

Jeffrey Gitomer
KING of SALES

DIE FUNDAMENTALEN
11,5 Elemente von Service, WOW und Loyalität

DER MEISTERBRIEF IM MANIFEST-VERKAUF

Damit Sie mit Ihren Fortschritten an anderen vorbeiziehen und Beziehungen, Wiederholungskäufe, Weiterempfehlungen und Top-Vergütungen sammeln, habe ich einige Elemente definiert ...

11,5 Elemente des Verkaufs als Maßstab

1. Beziehungen (der Schlüssel zu Wachstum und Profit)
2. Erneute Bestellungen/Wiederholungskäufe (verdient durch Wert, Qualität und Service)
3. Weiterempfehlungen (müssen Sie verdienen)
4. Ruf (ist jetzt für alle sichtbar)
5. Reaktion/Reaktionsfähigkeit (das Losungswort heißt: augenblicklich)

6. Verantwortung (das Gegenteil von Schuld)
7. Resilienz (reagieren, antworten und sich erholen)
8. Vergütung (bezahlen und Bezahlung erhalten)
9. Hartnäckigkeit (selbst wenn Ihnen der Arsch abfällt)
10. Ressource (nutzen Sie sie und seien Sie eine)
11. Resultate (messen Sie unaufgeforderte Empfehlungen und Profit)
11,5 REALITÄT (Sie sind der Herr über Ihr Schicksal)

Wenn Sie alles richtig machen, werden Sie überleben. Wenn Sie jetzt sofort alles richtig machen, werden Sie erfolgreich sein. Wenn Sie alles richtig machen – mit Wert und jetzt sofort –, werden Sie Wohlstand erwerben.

Jeffrey Gitomer
KING of SALES

Das Jeffrey-Gitomer-Sales-Manifest für den ultimativen Erfolg

Hier ist die REALITÄT in knappen Worten ...

- Ihre JA!-Einstellung und Ihr persönlicher Glaube bringen Sie mental auf die Erfolgsspur.
- Ihr Verständnis der Gründe, warum Kunden Ihr Produkt kaufen, liefert Ihnen Erkenntnisse über den Verkauf.
- Ihr persönliches Networking verschafft Ihnen Kontakte und Adressen. So bauen Sie Beziehungen auf.
- Ihre Aktivitäten in den sozialen Netzwerken bauen Anziehungskraft, Engagement, Follower und Verbindungen auf.
- Ihre Nutzung der Business Social Media sorgt für aktive Online-Präsenz, für Bekanntheit und guten Ruf sowie für einen hohen Listenplatz in Google.
- Ihre Firmen-Website, IN KOMBINATION MIT Ihrer persönlichen Website, Ihrem Blog, YouTube-Kanal, Ihrer sozialen Präsenz und Ihrem wöchentlichen E-Magazin (durch Ihr Schreiben kreieren Sie eine Wert-Botschaft) sorgen für Ihre gute Positionierung und für

zunehmende Bekanntheit auf dem Markt, in Google und in den Köpfen Ihrer Kunden.

- Ihre Internet-Position und Google-Präsenz verschaffen Ihnen eine Marke und einen hohen Bekanntheitsgrad.
- Ihr Name öffnet Ihnen Türen ... BEACHTEN SIE: Ihr Ruf eilt Ihnen voraus. Der Kunde googelt Sie, wenn Sie zur Tür hereinkommen.
- Ihr tiefer Glaube an die Dinge, die Sie verkaufen, ruft bei potenziellen Kunden emotionales Engagement hervor.
- Ihre Kreativität unterscheidet Sie von Ihren Wettbewerbern.
- Ihre fesselnden Präsentationsfähigkeiten sorgen für Aufmerksamkeit, Respekt und die Übermittlung Ihrer Botschaft.
- Ihre Liebe zu Ihrem Beruf schafft eine fesselnde, leidenschaftliche Botschaft.
- Ihre Fragen binden den Kunden auf emotionale Weise ein und erzeugen Harmonie.
- Ihre Fragen decken die Kaufmotive des potenziellen Kunden auf und zeigen, wie dringend er Ihre Angebote besitzen will.
- Ihre Fragen bringen Ihnen ehrliche Antworten ein und verdienen Respekt.
- Ihre Fragen differenzieren Sie von Ihren Wettbewerbern.

- Ihre Ideen treffen auf Aufmerksamkeit und führen dazu, dass die Kunden über Sie sprechen.
- Ihre Ideen differenzieren Sie und beweisen Ihren Wert.
- Ihr »Produkt-Pitch« stößt hauptsächlich auf taube Ohren und ist verschwendet. Man könnte ihn auch online finden.
- Ihre »altmodischen« Verkaufsmethoden kosten Sie Respekt und so manches Geschäft.
- Ihr Verständnis der Anwendung Ihres Produkts nach dem Kauf ist der Schlüssel zum Abschluss.
- Ihr Preis und Angebot führen dazu, dass Sie mit anderen verglichen werden.
- Ihr WAHRNEHMBARER WERT sorgt dafür, dass Sie immer und immer wieder »gekauft« werden.
- Ihr wahrnehmbarer Wert führt zum Kauf (zu Ihrem Preis).
- Das unausgesprochene Risiko für den Kunden (nicht Ihr Preis) ist das wahre Hindernis.
- Ihre Zeugnisse beweisen Ihren Wert (wenn der Kunde keinen differenzierenden Wert wahrnimmt, wird er den Preis vergleichen und auch das günstigste Angebot kaufen ... egal von wem).
- Sobald Ihr Produkt oder Ihre Dienstleistung abgeliefert sind, schlägt die Stunde der Wahrheit.

- Ihre Fähigkeit, mehr zu liefern als erwartet wird, sorgt dafür, dass man über Sie spricht und immer wieder bei Ihnen kauft.
- Ihre Erreichbarkeit, die Einfachheit der Geschäfte mit Ihnen, Ihre schnellen Reaktionen und Ihre Freundlichkeit wecken beim Kunden den unbezahlbaren Wunsch, loyal zu bleiben.
- Ihre Fähigkeit, in Kontakt zu bleiben und laufend Wert zu liefern, sorgt für Wiederholungskäufe, Empfehlungen, Mundpropaganda und das Gesetz der Anziehungskraft.
- Empfehlungen – vor allem solche, um die Sie nicht bitten müssen – sind das beste Zeugnis dafür, was Ihr Kunde von Ihnen hält und wie sehr er Sie schätzt.

Ihr guter Ruf und Ihr Erfolg sind die Summe all dieser Aktionen. Und das Geheimnis HOHER Gewinne liegt in Ihrem Angebot des »Wert-Zuerst«.

Sales-Manifest — Jeffrey Gitomer 247

Wenn Verkäufer scheitern oder nur mittelmäßig erfolgreich sind, liegt der Hauptgrund darin, dass sie sich nicht auf das konzentrieren, was bei einem Geschäft für den Kunden HERAUSKOMMT. Sie konzentrieren sich nur darauf, was bei ihnen selbst HEREINKOMMT.

Jeffrey Gitomer
KING of SALES

JEFFREY GITOMER
Chief Executive Salesman

Definition von Gitomer (git-o-mer). 1. Ein kreativer Autor und Vortragsredner an vorderster Front, dessen Fachwissen über Verkauf, Kundenloyalität und persönliche Weiterentwicklung weltberühmt ist; 2. bekannt für Präsentationen, Seminare und Keynote-Ansprachen, die amüsant und direkt sind und voller Erkenntnisse stecken; 3. praktisch; 4 unorthodox; 5. weiß, wo das Geld ist; 6. vermittelt den Zuhörern Informationen, die sie bereits eine Minute nach Ende des Seminars auf der Straße anwenden und in bare Münze verwandeln können. Er ist der regierende »King of Sales«. Siehe auch: Verkäufer, Vertriebsmitarbeiter.

AUTOR. Jeffrey Gitomer ist der Autor der New-York-Times-Bestseller *Die Gitomer-Verkaufsbibel, Das kleine rote Buch für erfolgreiches Verkaufen, Das kleine schwarze Buch für Ihre guten Kontakte* und *Das kleine goldene Buch für eine positive Einstellung*. Die meisten seiner Bücher sind oder waren Nummer-Eins-Bestseller auf Amazon.com, darunter *Customer Satisfaction Is Worthless, Customer Loyalty Is Priceless, Das kleine Platin-Buch für klingelnde Kassen, Das kleine rote Buch der ultimativen Antworten für den Verkaufserfolg, Das kleine grüne Buch für Ihren Erfolg, The Little Teal Book of Trust, Social BOOM! Das Prinzip Social Media,*

The Little Book of Leadership and The 21.5 Unbreakable Laws of Selling und *Jeffrey Gitomer's Sales Manifesto*.

Jeffrey Gitomers Bücher erschienen mehr als 500-mal auf wichtigen Bestseller-Listen und wurden weltweit mehrere Millionen Mal verkauft.

HERAUSGEBER UND KOMMENTATOR VON TRUTHFUL LIVING. In Zusammenarbeit mit The Napoleon Hill Foundation wurde Jeffrey die Ehre übertragen, die ersten Werke von Napoleon Hill herauszugeben und mit Kommentaren zu versehen. Sie wurden 1917 verfasst und sind Hills originale Gedanken zum Thema Erfolg, die noch nie zuvor veröffentlicht wurden.

MEHR ALS 2500 PRÄSENTATIONEN. Jeffrey Gitomer veranstaltet öffentliche sowie Unternehmens-Seminare, jährliche Sales-Meetings und führt Schulungsprogramme über Verkauf, JA!-Einstellung, Vertrauen, Kundenloyalität und alle Aspekte persönlicher Weiterentwicklung durch – live oder virtuell im Internet.

GROSSUNTERNEHMEN ALS KUNDEN. Unter Jeffrey Gitomers Kunden finden sich exklusive Namen wie Coca Cola, US Foodservice, Caterpillar, BMW, Verizon, DELL, MacGregor Golf, Hilton, General Motors, Enterprise Rent-A-Car, NCR, IBM, Comcast Cable, Time Warner, Liberty Mutual, Wells Fargo, Blue Cross Blue Shield, Carlsberg, Mutual of Omaha, AC Nielsen, Northwestern Mutual, Church Mutual Insurance, MetLife, GlaxoSmithKline, die New York Post und Hunderte von anderen Unternehmen.

IM INTERNET. Die WOW-Website Gitomer.com verzeichnet pro Woche Tausende Klicks von Lesern und Seminarteilnehmern.

Seine Internet-Präsenz und seine E-Commerce-Ausstattung sind auf dem Stand der Technik und setzen den Maßstab für seine Kollegen. Sie werden von Kunden weithin akzeptiert und hoch gelobt. Gitomers Blog *salesblog.com* ist eine weitere kostenlose Quelle für Wissen über Verkauf und persönliche Weiterentwicklung. BUSINESS SOCIAL MEDIA. Verfolgen Sie Jeffrey Gitomer und seine Social-Media-Präsenz auf Facebook, Twitter, LinkedIn, Instagram, Pintrest und YouTube. Neue Ideen, Events und spezielle Angebote werden täglich gepostet. Mit über einer Million Followern in den sozialen Medien und über fünf Millionen YouTube-Zuschauern hat Jeffrey Gitomer eine breite Welle der Anziehungskraft und des Engagements geschaffen.

ONLINE-VERKAUF UND INFORMATIONEN ÜBER PERSÖNLICHE WEITERENTWICKLUNG. Die Gitomer Learning Academy unterstützt Sie darin, immer mehr zu verdienen. Sie umfasst interaktive Videokurse auf der Grundlage von Gitomers persönlichen Erfahrungen als Verkäufer und sein gesamtes Werk über Verkauf und persönliche Weiterentwicklung. Die Academy beinhaltet mehr als 500 Stunden komplett durchsuchbare und umsetzbare Vertriebsaktionen und Ideen. Sie gibt Ihnen genau zum richtigen Zeitpunkt die Antworten, die Sie suchen. Die Academy beginnt mit einer Selbsteinschätzung Ihrer Fähigkeiten und bietet einen interaktiven Zertifizierungskurs. Jeffrey Gitomer aktualisiert sie laufend durch neue Video-Lektionen und Inhalte. Sie liefert ständig Vertriebsinformationen, Antworten, Lösungen, Motivation, Bestätigung und persönliche Inspiration. Die Academy verfolgt, misst und überwacht Ihre Fortschritte und Leistungen. Die Gitomer Learning Academy ist innovativ. Die Gitomer Learning Academy ist als Game gestaltet. Gehen Sie zu GitomerLearningAcademy.com – und spielen Sie auf Sieg.

SELL OR DIE (PODCAST). Jeffrey Gitomer und Jennifer Gluckow teilen ihr Wissen über Sales und persönliche Weiterentwicklung in ihrem wöchentlichen Podcast *Sell or Die*. In der heutigen Welt der laufenden Veränderungen ist eine Sache immer noch konstant: Entweder Sie verkaufen oder Sie sterben. Suchen Sie sich über iTunes oder Ihre bevorzugte Podcast-App einfach *Sell or Die*.

PODCAST-NETZWERK ZUR ERWEITERUNG IHRES LERNPROZESSES. Nachdem *Sell or Die* mehr als eine Million Mal heruntergeladen worden war, beschlossen Jeffrey Gitomer, Jennifer Gluckow und Doug Branson, ein Podcast-Netzwerk zu gründen, in dem Abonnenten noch mehr hochwertige Informationen finden können. Als Abonnent des Netzwerks haben Sie laufend Zugriff auf die besten Informationen über Sales und persönliche Weiterentwicklung der Welt.

VERKAUFEN MIT KOFFEIN. Jeffrey Gitomers wöchentliches Magazin *Sales Caffeine* ist ein Weckruf, der jeden Dienstagmorgen mehr als 250 000 Abonnenten kostenlos wachrüttelt. Über *Sales Caffeine* kommuniziert Jeffrey Gitomer wertvolle Sales-Informationen, Strategien und Lösungen an Verkaufsprofis. Sie können das Magazin unter www.salescaffeine.com ebenfalls abonnieren.

PREIS FÜR EXZELLENTE PRÄSENTATIONEN. Im Jahr 1997 erhielt Jeffrey Gitomer von der National Speakers Association den Titel eines Certified Speaking Professionals (CSP). Der CSP-Award ist der höchste Titel, den diese Organisation verleiht.

SPEAKER HALL OF FAME. Im August 2008 wurde Jeffrey Gitomer in die Speaker Hall of Fame der National Speakers Association aufgenommen. Der Titel CPAE (Counsel of Peers

Award for Excellence) ehrt professionelle Redner, die in ihren Reden und Vorträgen das höchste Leistungsniveau erreicht haben. Jeder Kandidat muss seine Meisterschaft in sieben Disziplinen beweisen: originelles Material, einzigartiger Stil, Erfahrung, Vortragsweise, Image, Professionalität und Kommunikation. Bis zum heutigen Tag wurden nur 219 der besten Redner der Welt in diese Hall of Fame aufgenommen, darunter Ronald Reagan, Art Linkletter, Colin Powell, Norman Vincent Peale, Earl Nightingale und Zig Ziglar.

Ich gebe als Erster WERT.
Ich HELFE anderen Menschen.
Ich strebe danach, bei der Tätigkeit die ich LIEBE, immer das BESTE zu geben und zu sein.
Ich baue zu allen Menschen LANGFRISTIGE BEZIEHUNGEN auf.
Ich habe FREUDE – und zwar JEDEN TAG.

Jeffrey Gitomer
KING of SALES

GitomerLearningAcademy.com
Abonnieren Sie das BESTE Lernerlebnis der Welt.
Online. Auf Nachfrage. Immer dem Geld nach.

Abonnieren und hören Sie

Sell or Die

Den bestbewerteten Podcast über Sales und persönliche Weiterentwicklung

Sales-Manifest

Sie lernen durch die Klärung der Situation und der Gelegenheit.

Sie erwerben Erfahrung durch immerwährendes Handeln.

Sie werden Meister durch laufende Wiederholung des Prozesses.

Jeffrey Gitomer
KING of SALES

Bringen Sie Jeffrey live zu Ihrem Sales-Event oder zu Ihrer Jahresversammlung

Erwecken Sie das Sales-Manifest zum Leben und hauchen Sie Ihrem Sales-Team neue Ideen und Inspirationen ein, die die Gedanken und Herzen erfüllen – mit der auf Ihr Event zugeschnittenen, persönlichen und höllisch unterhaltsamen High-Energy-Performance von Jeffrey Gitomer.

Jeffrey, der als die weltweite Nummer EINS unter den Vortragsrednern zum Thema Sales, Einstellung und persönliche Weiterentwicklung angesehen ist, bietet auf Ihren Bedarf zugeschnittene, praktische Vertriebsinformationen, die Ihre Leute bereits EINE MINUTE nach dem Vortrag auf die Straße mitnehmen und in BARE MÜNZE verwandeln können!

Senden Sie eine E-Mail an: helpme@gitomer.com

www.gitomer.com